재일동포
민족학교와
교가 연구

임영언

일본 조치(上智)대학교에서 사회학 박사학위(경제사회학)를 취득했으며 현재 조선대학교 겸임 교수, 재외한인학회장으로 재직 중이다. 저서로는 『韓国人企業家: ニューカマーの起業過程とエスニック資源』, 『재일코리안 기업의 경영 활동』, 『글로벌 디아스포라와 세계의 한민족』, 『재일코리안 기업의 형성과 기업가정신』, 『재일코리안 기업의 성장과 모국 기여 활동』, 『글로벌 이주와 다문화의 이해』 등이 있다.

장우권

문헌정보학을 전공(문헌정보학 박사)하고 과거 · 현재를 거쳐 '정보문화사', 독서경영, '지역문화정보와 콘텐츠', '코리안 디아스포라', '학생독립운동' 등의 지식정보자원(문헌 · 기록정보)을 하나로 엮는 일에 노력하고 있다. 미래의 원대한 꿈(인류공영의 행복)으로 대한민국과 코리안 디아스포라를 사랑할 동량지재(棟梁之材)들과 동행하는 즐거움을 누리며 전남대학교 문헌정보학과와 대학원 문헌정보학 · 기록관리학과 교수, 학생독립운동연구소장, 재외한인학회 부회장, 한국대학도서관연합회 회장으로 일하고 있다.

재일동포
민족학교와
교가 연구

2026년 1월 10일 초판 인쇄
2026년 1월 15일 초판 발행

지은이 임영언 · 장우권 | **교정교열** 정난진 | **펴낸이** 이찬규 | **펴낸곳** 북코리아
등록번호 제03-01240호 | **전화** 02-704-7840 | **팩스** 02-704-7848
이메일 ibookorea@naver.com | **홈페이지** www.북코리아.kr
주소 13209 경기도 성남시 중원구 사기막골로 45번길 14 우림2차 A동 1007호
ISBN 979-11-94299-81-3 93020
값 21,000원

재일동포
민족학교와
교가 연구

임영언 · 장우권 지음

북코리아

이 책은 재일동포 민족학교의 교가를 수집하고, 수집된 교가의 학교 환경과 교가의 내용을 분석하여 민족학교의 정체성과 발전을 계승할 수 있도록 기록하는 데 있다. 이 책은 크게 두 부분으로 구성되어 있다. 전반부는 교가를 수집하여 분석하는 데 초점을 두었고, 후반부는 수집된 교가를 자료집 형태로 가사(원문)를 그대로 수록하고 가사의 내용을 워드 클라우드로 표출하여 교가의 중심 주제어를 제시했다.

재일동포 민족학교는 민단계 한국학교와 총련계 조선학교로 구분할 수 있다. 민족학교는 일본에서 한국어로 교육하는 민족교육 기관이다. 이 책에서 다루고 있는 민족학교는 역사적으로 1945년 해방 전후 일본에서 아이들에게 조선어를 가르치기 위해 일본 각지에 설립된 '국어강습소(國語講習所)'에서 유래하여 나중에 각종학교와 일조교(一條校)[1]로 전환되기도 했다. 일본 내 조선학교는 유치원, 초급학교, 중급학교, 고급학교, 대학교 등이 있고, 일본의 6-3-3-4 제도의 학년 시스템을 도

---

1   일본의 학교교육법 1조에 정해진 정규학교.

입했다. 2009년도 조선학교 재적자 수는 8,300명 정도였고, 재일조선인의 1~2할 정도에 해당한다. 조선학교 수와 재적자 수는 계속 감소 추세인데, 2016년 시점에서 일본 전국에 현존하는 조선학교는 64개교로 학생 수는 8천 명 정도이다. 한국학교는 현재 도쿄 한국학교, 오사카 금강 인터내셔널 소·중·고등학교, 오사카 건국 유·초·중·고등학교, 교토 국제학원 등 4개교이다. 정확한 학생 수는 알려지지 않고 있다.

1945년 해방 전후 재일동포는 246만 명이 일본에 거주하고 있었으며 대부분이 모국으로 귀환했지만, 60만 명 정도가 잔류함에 따라 민족교육을 위한 각종학교를 설립했다. 한때 1950년대 전후 민족학교 수는 일본 전체 약 500개교에 교사 수가 5만 명에 달하기도 했다. 하지만 재일동포 사회도 저출산·고령화로 인한 인구의 자연 감소, 국제결혼 증가와 귀화자 증가, 민족정체성 약화와 다양성 출현, 뉴커머의 증가와 한인사회 갈등 등으로 과거와는 다른 동포사회의 출현을 예고하고 있다.

해방 이후 조선학교 수 및 학생 수는 1948년 한신교육투쟁(阪神教育鬪争, 阪神教育事件) 전후로 감소하다가 이후 지속적으로 증가했지만, 1970년대 최고 절정기에 달했다. 당시 조선학교 수는 161개교에 학생 수가 4만 6천 명에 달하기도 했다. 증가 요인은 1959년 12월부터 개시된 북송 실현으로 재일동포가 북한으로의 귀국 준비를 위해 자녀들을 조선학교에 보내는 이들이 많아졌기 때문이다. 이후 북한으로의 귀국자 수 감소와 인구 자체의 자연 감소, 저출산·고령화 사회로의 진입, 경제적인 부담 등으로 조선학교 수는 점차 감소하기 시작했다. 1970년대 5만 명에 달하던 학생 수는 1980년대 2만 명대로 감소하여 1990년대 후반에는 1만 명대, 2017년 시점에서 학생 수는 최고 절정기의 4분의

1 정도 수준인 8천 명 정도에 머물고 있다.

일본 사회에서 조선학교가 급격히 감소하게 된 이유로는 다양한 분석을 내놓고 있다. 가장 큰 이유로는 일본 사회의 저출산·고령화에 따른 자연 감소 현상이라는 주장이 설득력을 얻고 있으나 재일동포 귀화자 증가와 일본인과의 결혼에 의한 일본 국적 취득자 증가, 재일동포 사회의 민족정체성 약화에 따른 결속 약화 등을 지적하기도 한다. 그러나 무엇보다 조선학교의 직접적인 감소 요인은 북한으로부터의 교육원조비 지원 중단과 감소, 교육비 가중으로 재일동포 자녀들의 일본학교 선택이 큰 원인으로 지목되고 있다.

해방 전후 민족학교의 성장 과정은 일제강점기 일본 동화교육에 대한 반발에 따라 이루어졌다. 해방과 더불어 재일동포 사회는 민족학교 설립, 1948년 일본 정부와 GHQ(미군정)에 의한 민족교육 탄압과 교육제도의 분산화, 조국 분단과 동포사회 분열, 민족학교의 절대 부족, 일본 공립학교 대량입학 촉진, 동화교육과 민족차별 교육, 일본 사회의 정착화 등이 1970년대 이후 민족학교의 존재 형태에 많은 영향을 미쳤다.

이러한 시기에 조선학교에서 교가의 등장은 1980년대를 기준으로 대전환을 맞이했다. 1980년대 이전에는 조선학교의 목적과 필요성에 따라 1948년 한신교육투쟁의 탄압에 대한 투쟁 정신 고취, 그리고 김일성 주체사상 고취가 주된 내용이었다. 그러나 1980년대 이후 글로벌 시대에는 일본 정주화(定住化) 경향이 뚜렷해지면서 학생 수 감소, 민족정체성 위기에 따른 조선학교 졸업생과 재학생, 학부모의 일체감과 민족의식 고취의 필요성에 의해 창작(創作)되었다. 일본 사회가 글로벌 시대로 전환되는 시기와 맞물려 조선학교에서 개최되었던 각종학교 행사에 일본 지역사회와 동포사회에서 관심을 가지기 시작했다. 조선학교가 재일동포 공동체의 중심적인 역할을 하던 시기에 교사와 학생들의 요청에 따라 전국적으로 학교 교가가 만들어진 계기가 되었다. 이러한 시대적 상황에 따라 조선학교 교가의 창작이 한때 대대적으로 이루어졌다.

조선학교 교가의 창작 배경에 대해 김리화(金理花, 2015)는 다음과 같이 크게 세 시기로 구분하여 설명한 바 있다. 제1시기는 1945년 해방 이후 1950년대 전반까지 창작된 교가로, 가와사키(川崎) 조선 초급학교를 소개했다. 제2시기는 1955년 조선총련 결성 이후 전국 각지에서 조선학교가 설립된 시기로, 학교 준공을 계기로 만들어진 교가이다. 이때는 당시 총련 한덕수 중앙의장이 교가 작사에 관여한 시기로, 그가 조선학교 교가 창작과 얼마나 관련되어 있는지에 대한 정확한 교가 수나 내용은 알려지지 않았다. 제3시기는 1980년대 이후로, 당시까지 교가가 존재하지 않았거나 혹은 망각 속의 조선학교를 중심으로 교가가 만들어지기 시작한 시기이다. 이때는 학교 현장 일선에서 조선학교 교원들이 주도하여 교가가 창작된 시기로, 무엇보다 학생들의 요청에 따라 교원과의 상호 소통으로 만들어진 시기라고 볼 수 있다.

이 책에 수록한 교가 자료는 재일동포가 가장 많이 거주하고 있는 도쿄와 오사카를 중심으로 일본 전국에서 연구자가 직접 수행한 현지 자료수집과 학교 현장 면접조사의 결과물이다. 그 밖에도 오사카에서는 다카자카서점(쓰루하시), 히노데서점, 샛바람문고, 락도칸, 삼존사, 히코네 시가현립대학 박경식문고, 이쿠노쿠 도서관, 히가시나리 도서관, 고베시립 중앙도서관 청구문고, 고베 청년센터, 코리아NGO센터, 오사카 이쿠노쿠 조선초급학교, 히가시오사카 제4 초급학교 등을 방문하여 교가와 관련된 1차 자료와 2차 자료를 수집하여 분석에 활용했다. 또한, 도쿄에서는 재일한인역사자료관, 도쿄 2·8 독립선언 자료실, 도쿄 조선 제1 초급학교, 도쿄 조선 제6 유·초급학교, 조선장학회 도서실 등을 방문하여 면접조사와 자료수집을 병행했다. 현지 조사 과정에서는 연구자(저자)가 조선학교의 교육 현장을 직접 방문하여 자료를 수집했다.

이 책에 실린 교가의 출처는 가능하면 각주로 처리했으나 수집 과정에서 연구자의 잘못으로 누락된 부분도 많다. 향후 수정 보완이 이루어지기를 바라며 양해를 구한다. 교가의 원문은 수정 없이 수집 당시 그대로 수록했고, 제목은 한글맞춤법으로 통일했다.

일본에서 민족학교 교가를 수집한다는 것은 생각만큼 쉽지 않았다. 폐교나 퇴직 교원, 근무 교원을 찾아가더라도 교가에 대한 관심은 많지 않았다. 그러나 그중에는 조선학교 음악 교원으로 교가를 작사·작곡한 분도 계셨고 흔쾌히 교가 CD와 악보, 음악 교과서를 제공해주신 분도 계셨다. 대단히 감사드린다.

교가 수집 과정에서 민족학교 교가의 존재 형태가 참으로 다양하다는 것을 알 수 있었다. 학교장이나 음악 교원이 바뀌면서 조선학교 교가의 경우 어떤 곡은 노래, 어떤 곡은 교가에 붙인 곡들이 있고 개인이나 특정 인물, 음악 교원들이 창작한 노래들이 많았다. 한국학교는 글로벌 시대를 반영하듯 학교명을 '인터내셔널 학교'로 변경한 경우가 대부분이었고, 오사카 금강학원의 경우 새로운 형식의 교가를 선보이고 있었다.

연구자는 민족학교가 급속히 폐교되어가는 과정에서 사명감으로 일본 전국에 있는 모든 조선학교 교가를 하나라도 더 수집하기 위해 노력했지만 혼자 힘으로는 역부족이었다. 앞으로도 계속 교가를 수집하기 위해 노력할 것이고, 교가 원본이 사실과 다를 경우 순전히 연구자의 책임이며, 새로운 교가의 원본을 발견했을 때도 지체 없이 도움을 부탁드린다. 향후 연구에서도 교가 수집은 계속되겠지만, 누군가 또 새로운 연구자가 나타나 이 연구를 이어 완성해나가리라 믿는다.

마지막으로 이 책은 일본 현지 일선의 조선학교 교원, 교장 선생님, 익명의 자료 제공자, 도서관 사서의 도움 없이는 완성될 수 없었다. 이들이 이 책의 원자료를 구성하는 진정한 저자라고 할 수 있다. 또한 이 책이 대중에게 선보일 때까지 출판을 지원해주신 북코리아 이찬규 대표님께 깊은 감사를 드린다.

2026년 1월
전남대학교 용봉골에서
광복 80주년을 기념하며, 임영언·장우권 띠우다

III 재일동포 민족학교 성장과 학교문화

IV 재일동포 조선학교와 북송운동

VII 맺음말

부록 재일동포 민족학교의 교가와 노래

1. 조선학교

I

머리말

1. 연구 목적 및 배경

　이 책은 재일동포 사회 형성의 큰 축을 형성하고 있는 민족교육의 실태를 파악하고, 이를 통한 재일동포 사회의 미래를 전망하는 데 있다. 이미 많은 연구자들이 지적하고 있는 바와 같이 재일동포 사회도 저출산·고령화로 인한 인구의 자연 감소, 국제결혼 증가와 귀화자 증가, 민족정체성 약화와 다양성 출현, 뉴커머의 증가 그리고 한인사회의 갈등과 위기의식 등으로 인해 과거와는 다른 미래 동포사회 출현이 예상되고 있다. 따라서 이 책은 재일동포 사회의 근간을 이루고 있는 민족교육이라는 큰 틀에서 그들이 직면하고 있는 현실적인 문제를 짚어보고, 동포사회의 미래를 전망하여 가늠해보고자 한다. 이 책이 재일동포 사회의 중심축을 민족교육이라는 측면에서 접근하고 있는 이유는 해방 전후 다양한 동기로 모국을 떠나 현지에서 생활하는 마이너리티 재일동포에게 중요한 것은 먼저 생활문제를 해결하는 것이고, 그다음으로 2세들의 정착과 주류사회 진출을 돕는 민족교육의 설립과 이를 통한 민족정체성의 확립과 재생산이었기 때문이다.[1]

　이처럼 재일동포 사회에서 민족교육은 동포 간 상호 밀접한 관계를 맺고 있으며, 이를 통해 지금까지 그들의 정체성을 확보하여 유지해오고 있는 유일한 수단과 방법이기도 하다. 따라서 재일동포 사회의

1　이 책에서는 재일코리안과 재일동포를 같은 의미로 사용했다. 그러나 가능하면 일본 거주 재외동포를 '재일동포'라는 용어로 통일하여 사용했다.

민족교육을 고찰하는 것은 재일동포의 역사를 이해하는 것이고 현재 그들이 안고 있는 내재적인 갈등과 사회문제, 그리고 그들의 미래까지도 예측하여 해결하는 방안을 제시하는 의미 있는 작업이 될 것으로 생각된다.

해방 전후 재일동포는 일본에서 민족교육에 많은 노력을 기울였다. 일본에서 차별받으면서 유교적 사고를 계승한 재일동포는 학교를 통한 민족교육의 중요성을 절감하여 민족학교 설립에 헌신했다. 재일동포는 일본인의 편견에 맞서 일본 내에서 입지를 굳건히 다져나갔다. 식민지 시민으로 살았던 그들의 경험은 일본에 대한 반감으로 작용했고, 이것이 재일동포에게는 민족교육의 원동력과 저력이 되었다. 1945년 해방 전후 재일동포는 약 240만 명으로 대부분이 모국으로 귀환했고, 60만 명 정도가 일본에 잔류하여 민족교육을 위한 각종학교를 설립했다. 당시 민족학교 수는 일본 전체 약 500개교에 교사 수는 5만 명을 초과할 정도로 많았다. 당시 민족교육은 일본에서 조국으로 돌아간다는 '귀국'을 전제로 했다.

이 책에서 다루고 있는 재일동포 민족학교는 한국학교와 조선학교로 구분할 수 있는데, 조선학교는 조선어로 교육하는 민족교육 기관이라 할 수 있다. 민족학교는 역사적으로 1945년 해방 전후 일본에서 아이들에게 조선어를 가르치기 위해 일본 각지에 설립된 '국어강습소'에서 출발하여 나중에 각종학교로 전환되었다. 일본 내 조선학교는 유치반 · 초급학교 · 중급학교 · 고급학교 · 대학교 등이 있고, 6-3-3-4 학년 시스템인 일본의 제도를 도입했다. 2009년도 조선학교 재적자 수는 8,300명 정도였고, 재일조선인의 1~2할 정도에 해당한다. 조선학교 수와 재적자 수는 계속 감소 추세인데, 2016년 시점에서 일본 전국

에 현존하는 민족학교는 64개교로 학생 수는 8천 명 정도였다.[2]

이와 같이 이 책은 1945년 해방 전후 일본에서 전개된 재일동포 민족교육사를 개괄하고, 현지 조선학교에서 수집된 교가와 관련 자료 분석을 통해 재일동포 사회의 실태와 미래를 전망하는 데 목적을 두고 있다.

2   中島智子(2011). 「朝鮮学校保護者の学校選択理由: 「安心できる居場所」「当たり前」をもとめて」. 『プール学院大学研究紀要』 51, pp. 189-202.

2. 내용 및 구성

이 글의 내용은 "재일동포의 민족교육"이라는 의미 있는 주제를 바탕으로 총 7장과 부록으로 구성되었다. 각 장의 내용을 간단히 개괄하면 다음과 같다.

제1장에서는 이 글의 목적 및 연구 배경, 장의 구성, 연구 방법 및 연구 대상 등을 서술했다.

제2장에서는 "재일동포 민족교육과 조선학교"를 주제로 주로 일본 내 조선학교를 대상으로 민족교육 운동과 고교무상화 운동을 둘러싼 최근의 상황을 다루는 데 중점을 두고 있다. 첫째, 1945년 이후 '국어강습소'로 출발한 조선학교가 일본 사회의 차별과 배제 속에서 어떠한 민족교육 운동 과정을 거쳐 오늘날의 형태로 존재하는지를 살펴보고자 했다. 둘째, 해방 이후 조선학교는 일본 정부의 조선학교 정책에 의해 학생 수와 학교 수 측면에서 많은 변화를 겪어왔는데, 조선학교 변화의 측면에서 일본 사회의 변화 동인과 역사적 요인들이 구체적으로 무엇인지에 대해 파악하고자 했다. 셋째, 현재 일본 사회에서 진행되고 있는 조선고교무상화 운동을 둘러싼 원인과 결과는 무엇이며 향후 어떻게 진행될 것인지에 대해 살펴보았다.

제3장에서는 "재일동포 민족학교 성장과 학교문화"를 주제로 민족학교에서 교가가 탄생하게 된 역사적 배경에 주목하고 특히 1980년대 이후 민족학교에서 한국학교와 조선학교의 성장과 발전의 차이, 민

족학교 교가의 내용분석, 그리고 이들 교가의 창작이 민족교육에 미친 영향 등에 대해 고찰했다. 민족교육에 관한 기존 연구는 큰 틀에서 역사적 배경이나 형성 과정, 일본 정부의 재일외국인 교육의 정책적 접근, 그리고 한신교육투쟁(阪神敎育鬪爭, 阪神敎育事件)[3] 같은 지역 운동사적 측면에서 다룬 연구들이 주축을 이루고 있다. 이 장에서는 재일동포의 문화유산인 조선학교에 대한 생활문화사적 측면에서 학교문화의 하나인 교가를 살펴보고, 교가 창작이 재일동포 사회에 미친 영향에 대해 분석했다.

제4장에서는 "재일동포 조선학교와 북송운동"이라는 주제로 일본 조선학교에서 북송운동의 전파 과정을 고찰했다. 특히 재일조선인학교 학생들에 의해 북송운동이 학교-가정, 동포사회, 일본 사회 등에 의해 어떻게 전파되었는지를 살펴본다. 연구 방법 및 분석자료는 1959년 7월 10일 일본 가나가와현 조선 중·고등학교의 6·25 기념문집 편집위원회에서 발간한 『불꽃』이라는 6·25 기념호 잡지의 내용을 분석했다. 1959년 12월부터 시작된 북송운동은 이후 10년간 재일조선인 9만 3,340명이 북한으로 귀국하게 되었다. 그 배경에는 재일조선인 자녀 대부분이 재학하고 있던 조선학교의 존재와 이를 통한 전파 역할이 매우 컸던 것으로 나타났다.

제5장에서는 "재일동포 조선학교와 중국 조선족학교"라는 주제로 19세기 이후에 본격적으로 이동하게 된 세계 한민족이 정착한 곳에서 설립한 민족학교를 다루고 있다. 이들 세계 한민족이 있는 곳에는 반드시 민족학교가 설립되어 민족정체성을 유지하는 역할을 충실히 담

---

3   한신교육투쟁(阪神敎育鬪爭, 阪神敎育事件)은 재일한국인과 일본 공산당이 1948년 4월 14일부터 같은 해 4월 26일까지 오사카부와 효고현에서 벌인 민족교육투쟁. 출처: https://ko.wikipedia.org/ wiki한신_교육투쟁

당했다. 중국 조선족학교나 일본 조선학교는 비록 각자의 환경에 따라 역사적으로 변화되어온 측면이 있지만, 아직도 여전히 먼 타국에서 민족문화를 계승하려고 노력하면서 그들 자녀에게 민족의식을 심어주려고 노력해오고 있다. 이 장에서는 이러한 사례로서 중국 조선족학교 교가와 일본 조선학교 교가 내용을 비교 분석하여 그 특징을 파악하고자 했다.

제6장에서는 "일본 정부의 외국인 정책과 재일동포의 미래"라는 주제로 일본 거주 재일동포 정책에 대해 국적 박탈(剝奪)과 정주(定住)의 본격화라는 측면에서 크게 미군 점령기인 1952년까지 일본인 국적 시대, 1965년 이후 한국적 혹은 조선적의 재일동포 확립기, 1990년대 입국관리법 개정 이후 다문화 공생사회 도래와 정주화 등 세 가지 측면에서 살펴보았다. 재일동포 문제의 발생 요인은 광의적인 측면에서 1952년 미군 점령군의 동아시아전략과 일본 정부의 외국인등록법에 따른 국적 박탈에서 비롯된 것으로 볼 수 있다. 이는 좀 더 넓은 의미에서 당시 국제사회 정세와 일본 사회 내 이념 대립의 측면에서 재일동포 문제의 발단을 살펴볼 수 있을 것이다. 이러한 상황에서 일본 정부에 의한 재일동포의 국적 박탈은 근본적으로는 불안한 체류 보장과 취업 차별을 초래했고, 외국인이라는 신분하에 재일동포의 민족차별 투쟁을 촉발했다. 이러한 일본 정부의 재일동포 정책에 대한 근본적인 해결 방법은 1952년 당시 식민지 자손이라는 국적회복에 있을 것으로 생각되지만, 1952년 국적 박탈과 1965년 한일기본조약에 의한 한국적·조선적 회복, 그리고 이미 재일동포로서 50여 년을 살아온 역사도 무시할 수 없는 상황이 되었다. 이는 역설적으로 재일동포가 일본에서 한국적으로 살아갈 수밖에 없는 이유가 되었던 것으로 생각된다.

제7장에서는 이 책의 연구 결과에 해당하는 "맺음말"로 연구 결과

및 시사점, 연구 한계와 향후 연구과제 등을 제시했다.

부록에서는 재일동포 민족학교와 한국학교의 교가(校歌)와 노래를 가사 원문 그대로 제시했다. 또한 가사의 중심 주제어를 워드 클라우드로 표출했다.

3. 연구 방법 및 대상

　이 글은 큰 틀에서 재일동포 민족교육의 실상을 파악하기 위해 기획되었다. 1945년 해방 전후 재일동포 민족학교 살리기 운동 등 다양한 차원에서 접근하고 있다. 이러한 연구 목적을 달성하기 위한 연구방법으로는 일본 현지 조선학교 교육 현장을 직접 방문하여 수집된 면접자료나 현지에서 발행된 2차 자료 및 교가를 수집하여 내용분석에 활용했다. 이를 통해 해방 이후부터 현재에 이르기까지 조선학교 교육 현장에서 실제로 어떤 일들이 발생하고 있는지를 규명하는 데 중점을 두었다.

　따라서 이 책의 주요 내용은 재일동포가 가장 많이 거주하고 있는 도쿄와 오사카를 중심으로 수행된 현지 자료수집과 학교 현장 면접조사의 결과물이다. 오사카에서는 다카자카서점(쓰루하시), 히노데서점, 샛바람문고, 락도칸, 삼존사, 히코네 시가현립대학 박경식문고, 이쿠노쿠 도서관, 히가시나리 도서관, 고베시립 중앙도서관 청구문고, 고베 청년센터, 코리아NGO센터, 오사카 이쿠노쿠 조선초급학교, 히가시오사카 제4 초급학교 등을 방문하여 교가, 1차 자료와 2차 자료를 수집하여 내용분석에 활용했다. 또한 도쿄에서는 재일한인역사자료관, 도쿄 2·8 독립선언 자료실, 도쿄 조선 제1 초급학교, 도쿄 조선 제6 유·초급학교, 조선장학회 도서실 등을 방문하여 면접조사와 자료수집을 병행했다. 현지 조사 과정에서 필자가 조선학교 교육 현장을 직접 방문하여 면접조사와 조선학교 관련 자료를 수집했기 때문에 교육 현장에서 발생한 다양한 에피소드나 현장에서 수집된 자료의 비교 통합적 차원에서 파악하고 시사점을 제시했다.

II

재일동포
민족교육과
조선학교

1. 재일동포 조선학교의 설립

일본에 존재하는 조선학교는 1945년 일본 패망 직후 각지에 설립된 국어강습소(國語講習所)가 그 전신이라 할 수 있다. 처음에 국어(조선어) 강습소는 조국으로 귀국하기 전 재일조선인 자녀들에게 우리말을 가르치자는 취지로 설립되었다. 이후 이러한 취지에 따라 1957년부터 북한은 조선학교에 막대한 재정을 지원하기 시작했다. 2014년을 기준으로 조선학교에 재학 중인 한국 국적 재일동포의 비중은 60% 이상을 차지하고 있다. 이는 일본에서 우리말과 역사를 가르치는 교육기관으로서 조선학교가 차지하는 비중이 매우 크며, 몇 가지 예외적인 면을 제외하면 조선학교가 여전히 일본에서 민족의 얼과 역사를 가르치는 교육기관으로서 중요한 역할을 다하고 있다는 것을 의미한다.

그런데 2010년도부터 일본 국회를 통과하여 전면적으로 시행되어온 고교무상화제도가 2012년 아베 정권 출범 이후 조선고교가 무상화제도 대상에서 제외되는 사건이 발생했다. 조선학교에 대한 이러한 차별과 배제는 비단 여기에만 한정된 것이 아니다. 예를 들면, 1948~1949년 연합군 최고사령부(SCAP 또는 GHQ)[1]와 일본 정부에 의해

---

1   연합군 최고사령부(The Supreme Commander for the Allied Powers; SCAP) 또는 GHQ(General Head Quarters)는 제2차 세계대전 당시 일본 제국의 항복 이후 1945년 10월 2일부터 샌프란시스코강화조약이 발효된 1952년 4월 28일까지 7년 동안 일본에 주둔한 연합군 사령부를 말하며, 현재 일본에서는 'GHQ'로 부른다. 출처: https://namu.wiki/w/연합군%20점령하%20일본

단행된 조선학교 강제 폐쇄 사건, 1960년대 후반 이후 진행된 외국인 학교법안에 따른 조선학교 통제 획책, 1990년대 JR그룹(Japan Railways Group) 통학 정기 할인율 제외 사건과 전국 고등학교 체육연맹 주최 공식 시합 출전 불가, 2000년대 대학 수험자격 박탈, 2012년도 조선고교 무상화제도 배제 등 이루 헤아릴 수 없을 정도로 많다.

이렇게 볼 때 조선학교를 대상으로 한 일본 정부의 차별과 배제는 시대적 상황에 따라 다양한 형태로 출현해온 것으로 생각된다. 이 글은 일본 사회에 존재하는 조선학교를 대상으로 한 민족교육 운동과 고교무상화 운동을 둘러싼 다음 세 가지를 규명하는 데 중점을 두고 있다. 첫째, 1945년 이후 '국어강습소'로 출발한 조선학교가 일본 사회의 차별과 배제 속에서 어떠한 민족교육 운동 과정을 거쳐 오늘날의 형태로 존재하는지를 살펴보고자 한다. 둘째, 해방 이후 조선학교는 일본 정부의 조선학교 정책에 의해 학생 수와 학교 수 측면에서 많은 변화를 겪어왔다. 조선학교의 변화 측면에서 일본 사회의 변화 동인과 역사적 요인들이 무엇인지에 대해 파악하고자 한다. 셋째, 현재 일본 사회에서 진행되고 있는 조선고교무상화 운동을 둘러싼 원인과 결과는 무엇이며 향후 어떻게 진행될 것인지에 대해 가늠해보고자 한다.

2. 조선학교의 실태와 현황

조선학교에 관련된 기존의 글들은 대부분 두 가지 측면에서 접근하고 있다. 먼저 민족교육 현장의 실증적 연구를 위해 현장 중심의 필드워크를 중시하는 연구이고, 다른 하나는 역사적인 자료수집을 중심으로 접근하는 연구이다. 그 이유는 여러 가지를 제시할 수 있지만, 조선학교 접근성 유무(有無)에 의한 것으로 보인다. 특히 해방 이후 한반도의 정치적 분단과 대립, 이에 따라 현재까지도 계속되고 있는 남북분단과 동포사회의 분열, 북한의 핵 개발 정책으로 인한 일본 정부의 차별과 압박 등은 70년 이상 지속되어온 조선학교 민족교육의 중요성에도 불구하고 현장 중심의 연구를 어렵게 하는 요인들이다. 이러한 현장 접근의 어려움 때문에 대부분의 조선학교 관련 연구들은 2차 자료에 의존하거나 주변 보호자나 관련 단체의 면접조사 자료 활용 등 많은 한계가 나타났다. 이 연구 방법은 교육 현장에 접근하여 수집한 면접자료나 2차 자료를 활용하여 조선학교 교육 현장에서 실제로 어떤 일들이 일어나고 있는지를 규명하는 데 중점을 두고 있다. 따라서 이 연구는 조선학교 교육 현장을 직접 방문하여 면접조사를 수행하거나 조선학교 관련 자료를 수집했기 때문에 조선학교에서 발생한 다양한 사건과 수집된 자료의 정합성을 높이고자 노력했다.

다음은 역사적인 측면에서 조선학교를 다루고 있는 연구들에 대해 살펴보고자 한다. 조선학교의 설립 배경과 현황을 중심으로 다룬 대표적인 연구로는 오자와 유사쿠(小沢有作, 1973),[2] 후지이 고노스케(藤井幸之助, 1989),[3] 김덕룡(2004),[4] 나카지마 도모코(中島智子, 2011),[5] 박삼석(2011)[6]의 연구를 들 수 있다. 먼저 오자와 유사쿠의 연구는 동화정책 측면에서 재일조선인 교육의 해방 전후사를 다루고 있으며, 1965년 한일 국교정상화 수립 시기까지 조선인 교육에 대해 분석하고 있는 역작이라 할 수 있다. 이 연구는 동화정책으로서의 교육정책이 해방 이전부터 이후까지 어떻게 재일조선인 사회를 지배해왔는지를 자세히 보여주고 있다. 김덕룡의 연구는 조선학교의 내부자로서 1945년부터 1972년까지의 민족학교 만들기, 민족교육 운동, 형태, 교육과정 등을 분석한 것으로, 일본에서 조선인이 조선학교를 만들어가는 과정과 조선학교 내부의 교과과정 운영 등을 상세히 다룬 연구이다. 이에 비해 박삼석(2011)의 연구는 조선학교의 교육 권리와 고교무상화 제도의 문제점 등을 다룬 연구로, 본 연구에서 다루고자 하는 민족교육 운동과 조선학교 고교무상화 제도에 대해 참고할 만한 소재들을 제공하고 있다.

다음으로 문화인류학적 관점에서 조선학교 현장 중심의 참여관찰을 중시한 연구자로는 소냐량(ソニア リャン, 2005)[7]과 송기찬(宋基燦, 2012)[8]이

---

2   小沢有作(1973). 在日朝鮮人教育論. 東京: 亜紀書房, pp. 302-305.

3   藤井幸之助(1987). 「解放後, 日本における朝鮮人学校の国語教科書(一九四五~一九五0)」, 『在日朝鮮人運動史研究』 17, pp. 84-109.

4   金德龍(2004). 『朝鮮学校の戦後史』. 東京: 社会評論社, pp. 35-52.

5   中島智子(2011). 前掲論文.

6   朴三石(2011). 『教育を受ける権利と朝鮮学校―高校無償化問題から見えてきたこと』. 東京: 日本評論社, pp. 1-4.

7   リャン, ソニア(2005). 中西恭子訳. 『コリアン・ディアスポラ―在日朝鮮人とアイデンティティ』. 東京: 明石書店, pp. 16-18.

8   宋基燦(2012). 『「語られないもの」としての朝鮮学校: 在日民族教育とアイデンティティ・ポリティクス』. 東京: 岩波書店, pp. 8-18.

있다. 특이한 점으로 소냐량은 조선학교 출신으로 내부자 관점에서 조선학교 연구를 시도했고, 한국 출신의 송기찬은 외부 관찰자적 시점에서 연구를 수행했다. 특히 송기찬은 조선학교를 개개인의 참가로 구성되는 실천공동체로 보고 조선학교 학생, 교사, 보호자들이 삼위일체가 되어 일상생활인 일본어 세계로부터 조선어 세계인 조선학교에 참가하여 실천해나가는 장소로 보고 있다. 그의 이러한 관점은 다분히 조선학교 현장조사로 인한 경험자 관점에서 조선학교의 구성뿐만 아니라 학교 운영 면에서도 중요하다는 실증적 경험에서 비롯된 것으로 보인다.[9]

이 글에서는 이러한 실천공동체 관점에서 조선학교 고교무상화 논란의 중심에 서 있는 문제가 무엇인지를 조선학원과 일본 정부 측의 주장을 중심으로 다음 〈표 1〉과 같이 정리했다.

〈표 1〉 조선학교 고교무상화 제도를 둘러싼 소송의 쟁점

	사회적 권리/인권적 측면		정치경제적인 측면
조선 학원	• 약 40개 외국인학교 고교무상화 교육 시행, 조선학교만 배제 　- 자신의 정체성을 배우고 조선인으로 살아가는 방법을 터득하는 장소 　- 민족의 뿌리를 배우는 것 자체의 부정 　- 헌법에 보장된 평등권 위반 　- 민족교육의 권리 부정 　- 국제인권법에 위반되는 차별적 대우	일본 정부	• 2010년 11월 연평도 포격 사건 이후 조선학교 고교무상화 대상 심사 중지 • 2012년 12월 아베 내각의 무상화 대상 제외 　- 북한과 총련의 밀접한 관계 　- 일본인 납치 문제 진전이 없음 　- 입학 지원금의 수업료보다는 불법전용 우려 　- 과거 총련의 지도에 따라 학원 명의의 자산 유용

9　2017년 8월 12일 오사카 조선회관에서 상영된 재일조선인 신여순 감독의 다큐멘터리 영화 「みれいろ(미래색깔)」에서도 조선학교 학생, 교사, 보호자, 졸업생으로 구성된 실천공동체의 역할을 강조하고 있다.

위의 〈표 1〉에서 제시한 바와 같이 조선학교 고교무상화 배제를 둘러싼 논쟁점으로 원고인 조선학원 측은 일본 정부가 조선고교를 무상화 대상으로 규정한 문부과학성의 성령(省令)을 삭제하는 등 헌법에 보장된 평등권을 위반했다고 주장했다. 이는 북한을 정식국가로 인정하지 않는 일본 정부의 정치적 · 외교적 이유에서 국제인권법 등에 어긋나는 차별적 취급받았다는 주장이다. 히로시마현의 '무상화 소송 기각' 판결에 대해 히로시마 조선고교의 김영웅 교장은 성명을 통해 "조선학교만 공적 조성 제도에서 배제하는 것은 민족교육의 권리를 부정하는 것일 뿐만 아니라 재일조선인은 차별당해도 당연한 존재이며 나아가서는 국가의 뜻에 따르지 않는 이는 차별해도 좋다는 풍조를 국가가 선동하는 것"이라고 주장했다. 김영웅 교장은 "왜 스스로의 뿌리를 배우는 것이 이런 형태로 부정되어야만 하는 것인가?"라고 주장했다.[10] 일본에 있는 중화학교와 브라질인학교를 비롯해 40여 개의 외국인학교가 일본 정부에 무상화를 신청했고 받아들여졌는데, 조선학교만 신청을 거부한 것은 이를 우려하는 유엔 산하 인종차별철폐위원회의 입장을 외면했다는 것이다.

이에 대해 일본 정부 측은 국내외 보도와 공안조사청의 보고서 등을 근거로 제시하며 "북한과 재일본조선인총연합회(조선총련) 등과의 밀접한 관계가 의심되며, 입학지원금이 수업료로 쓰이지 않을 우려가 있다"고 맞서고 있다. 또한 재판부는 일본 정부 측의 주장이 적법하며, 문부과학성이 재량 범위를 일탈(逸脫)하지 않았다고 판시했다. 아울러 "조선총련의 강력한 지도하에 있는 자가 총련을 위해 학원의 자산을

---

10 박명훈(2017). "'조선학교 무상교육' 거부한 일본 법원의 '후안무치': 일본 정부 "북한과 관계 의심" 주장에 힘 실어준 일본 법원". OhmyNews(2017.07.21.). 출처: https://www.ohmynews.com/ NWS_Web/View/at_pg.aspx?CNTN_CD=A0002344524

유용한 과거가 있다"[11]라고 지적하고 있다. 2017년 7월 20일자 『산케이신문』은 "조선학교 인정하지 않은 히로시마지방재판소 '총련에 유용 혐의'"라는 제목의 기사에서 "조선총련의 지도에 따라 학원의 명의와 자산을 유용한 과거가 있으며 그러한 사태가 이후 일어날 수 있다고 생각하는 이유가 없다고는 말할 수 없다"라고 밝힌 재판부의 발언을 강조했다. 동년 7월 20일자 『마이니치신문』은 재판부가 조선학교와 북한이 연계됐다고 한 일본 정부의 주장을 인정하고 있다며, 이와 관련해 조선학교 측이 우려를 씻기 위해 노력을 거듭해야 한다고 강조했다.[12]

여기에서 '수업료 무상화'에 대한 내력(來歷)을 살펴보면, 2010년 4월부터 일본의 고등학생들은 외국인학교를 포함한 모든 고교생이 '수업료 무상화'의 대상이 된다. 그러나 조선학교가 설립된 당시부터 모든 평등에서 배제되어온 것처럼 이 정책에서도 유일하게 제외되었다. 2017년 7월 19일, 히로시마에서 처음으로 고교무상화 재판 1심에서 학생 측의 패소 판결이 나온 이후, 9월에는 도쿄지방법원의 1심과 2018년 4월 27일 아이치 1심 재판도 패소했다. 그런데 2018년 7월 28일, 오사카에서는 민족교육 역사상 쾌거라 할 만큼 값진 승소 소식이 전해졌다. 그러나 같은 해 9월 27일 오사카고등법원이 1심 승소 판결을 기각하며 일본 정부의 손을 들어주었다. 이후로 항소와 상고가 거듭되며 대법원까지 간 5개 지역의 '무상화 재판'은 8년에 걸친 싸움에도 불구하고 2021년 7월 21일 히로시마 지역의 무상화 소송에서 대법원이 내린 '패소' 판결로 모든 재판은 종료되었다. 재판 결과는 5개 지역에

---

11   상게 신문.

12   상게 신문.

서 총 15차례의 재판 중 1승 14패로 나타났다(표2).[13]

〈표 2〉 고교무상화 재판 결과

재판 지역	원고, 소송일	소송 내용	재판 결과
오사카 (大阪)	오사카 조선학원 2013년 1월 24일	불지정 처분 취소 및 지정 의무 이행	- 1심 승소(2017.7.28) - 2심 패소(2018.9.27) - 대법원 패소 확정(2019.8.27)
아이치 (愛知)	재학, 졸업생 10명 2013년 1월 24일	학생들에게 국가배상	- 1심 패소(2018.4.27) - 2심 패소(2019.10.3) - 대법원 패소 확정(2020.9.2)
히로시마 (広島)	재학, 졸업생 110명 2013년 8월 1일	불지정 처분 취소 및 지정 의무 이행 학생들에게 국가배상	- 1심 패소(2017.7.19) - 2심 패소(2020.10.16) - 대법원 패소 확정(2021.7.21)
규슈 (九州)	재학, 졸업생 68명 2013년 12월 19일	학생들에게 국가배상	- 1심 패소(2019.3.14) - 2심 패소(2020.10.30) - 대법원 패소 확정(2021.5.27)
도쿄 (東京)	조고생 62명 2014년 2월 17일	학생들에게 국가배상	- 1심 패소(2017.9.13) - 2심 패소(2018.10.30) - 대법원 패소 확정(2019.8.27)

다음 〈표 3〉은 '조선학교 무상화'에 대한 국내외 집회 모습이다.

---

13   조선학교와 함께하는 사람들 몽당연필. 조선학교와 재일동포: 고교무상화투쟁. 출처: http://www.mongdang.org/kr/bbs/content.php?co_id=fact03

〈표 3〉 '조선학교 무상화'에 대한 집회[14]

집회명과 집회내용		
조선학교 무상화를 지지하는 아이들	2017년 7월 14일 서울시 홍대입구역 인근 가톨릭청년회관에서 열린 '몽당연필 페스티벌'에 참가한 아이들. 행사는 1인극, 조선학교 사진 전시회, 배우 권해효와 함께하는 몽당연필 토크 콘서트 등으로 진행 ①	
히로시마지방재판소 앞에서 조선학교의 무상화를 호소하는 조선학교 학생들	2017년 7월 19일 '조선학교 무상화 판결'이 나기 전 히로시마지방재판소 앞에 도착한 학생들이 피켓을 들고 조선학교의 무상화 호소 ②	
히로시마 조선고급학교 학생들이 참가한 '판결 선고 보고 집회'	2017년 7월 20일 '조선학교 무상화 기각'이라는 결과를 받아든 히로시마 조선고급학교 학생들과 관계자들이 '판결 선고 보고 집회'를 가짐 ③	
"조선학교 무상교육 차별 말라" 일 정부에 500번째 외침 — 문부성 앞 10년 항의 '금요행동' 현장	일본 정부의 조선고급학교 고교무상화 배제에 항의하는 조선학교 학생들이 15일 도쿄 지요다구 문부과학성 앞에서 500번째 금요행동에 나서고 있음. 학생들은 2013년 5월부터 10년 넘게 매주 이곳에 모여 "전대미문의 부당한 민족차별을 절대 용납하지 않겠다"고 외침 ④	
"얼마나 소리쳐야" … 조선학교 무상화 배제 항의 '금요행동' 200회째	조선대학교 학생들이 21일 도쿄 문부과학성 앞에서 열린 200회째 금요행동에서 조선학교 무상화 배제 철회를 요구하고 있음 ⑤	

---

14 ①, ②, ③ 출처: 박명훈(2017). 전게 신문; ④ 김소연(2023). "조선학교 무상교육 차별 말라" 일 정부에 500번째 외침 — 문부성 앞 10년 항의 '금요행동' 현장. 한겨레신문(2023.12.15). 출처: https://www.hani.co.kr/arti/international/japan/1120622.html; ⑤ 김진우 (2020). "얼마나 소리쳐야" … 조선학교 무상화 배제 항의 '금요행동' 200회째. 경향신문 (2020.02.21). 출처: https://www.khan.co.kr/article/202002211752001; ⑥ 김영동 (2025). "일본 정부는 조선학교 차별을 중단하라". 한겨레신문(2025.04.24). 출처: https://www.hani.co.kr/arti/area/yeongnam/1194090.html; ⑦ 출처: https://www.youtube.com/watch?v=B9pu9L9AzG0; ⑧ 출처: https://www.youtube.com/watch?v=n-1hIBAoas0; ⑨ 출처: https://www.youtube.com/watch?v=AXkVVWRl4pE

집회명과 집회내용		
"일본 정부는 조선학교 차별을 중단하라"	24일 부산 동구 초량동 정발 장군 동상 근처 항일거리에서 부산 시민단체와 일본 시민단체가 일본 정부의 조선학교 차별 중단을 촉구하는 기자회견을 엶 ⑥	
'조선학교 교육무상화'를 위한 눈물겨운 투쟁의 역사 [다큐 인사이트-아이들의 학교] (2020.03.05) ⑦		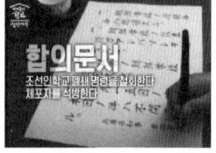
일본 조선학교 고교무상화 소송을 다룬 영화 「차별」(2023.03.22) ⑧		
[4·24 기획] 재일조선인, 그리고 조선학교 / KBS뉴스(News) ⑨		

3. 조선학교 민족교육 운동과 조선고교무상화 운동

1) 조선학교 민족교육 운동의 역사

일본 정부의 조선학교에 대한 탄압과 폐쇄정책은 '고교무상화법' 시행 이전에도 존재했다. 1945년 해방 이후 조선학교를 둘러싼 민족교육 운동의 역사에 대해 개괄하면 다음과 같다.

당시 '국어강습소'로서 조선학교의 급성장에 따라 당시 일본을 점령하고 있던 GHQ(1945년 패전 이후 일본에 주둔한 연합국 군 최고사령관 총사령부)는 조선학교가 정규과목의 추가 과목으로서 조선어를 가르치고 일본 정부의 모든 지시에 따르도록 종용했다. 이러한 GHQ의 지시에 따라 일본 정부는 1948년 1월 24일 '조선인설립학교의 취급에 대하여'라는 문부성 학교교육국 명의의 공문을 각 도도부현에 송부했다. 주요 내용은 "학령기에 있는 조선인 자녀도 일본인과 같이 공립이나 사립 소학교와 중학교에 입학시켜야 한다. 사립 소학교의 설치는 도도부현지사의 허가를 받아야 한다. 학령아동과 학생의 교육에 대해서 각종학교의 설치는 허가하지 않는다"라는 방침을 전달하고 이에 따르지 않을 경우 학교를 폐쇄하도록 명령했다. 이에 따라 같은 해 3월 31일에는 야마구치현을 시작으로 오카야마, 효고, 오사카, 도쿄 등 각 도도부현에 있는 조선학교에 폐쇄령이 내려졌다. 이에 대해 조선학교 관계자, 보호자,

학생들은 폐쇄령의 철회를 요구하며 격렬한 항의운동을 전개했다. 한 신교육투쟁의 절정기인 4월 24일 효고현 청사 앞에서는 재일조선인 1만 5천 명이 집결하여 폐쇄령 철회와 검거된 동포들의 석방을 요구했다. 이에 대해 GHQ는 고베시를 중심으로 "비상사태선언"을 발령하여 조선인에 대한 무차별 검거를 개시했다. 당시 이러한 '조선인 사냥'에 의해 효고현에서만 1,732명이 체포되었으며, 오사카에서는 항의 집회에 참여한 김태일이 경찰의 발포로 사망하는 사건이 발생했다. 당시 오사카부청 앞에는 4만 명 정도가 집회에 참여하여 강제해산에 의해 사망 1명, 중상자 27명이 발생했다. 이러한 사태에 직면하여 일본 문부성과 조선인교육대책위원회 간의 각서교환으로 사태는 일단 수습되었다. 각서의 내용은 "조선인의 교육에 대하여 교육기본법 및 학교교육법에 따를 것, 조선인학교는 사립학교로서 자주성이 인정되는 범위 내에서 독자적인 교육 수행을 전제로 하여 사립학교로서의 인가를 신청할 것" 등이었다.

이듬해인 1949년 9월 GHQ와 일본 정부는 '단체 등 규정령'을 적용하여 조선학교의 운영 모체였던 조련과 민청(조선민주청년동맹)의 강제해산에 돌입했다. 이것을 계기로 일본 정부는 조련이 설치하고 있던 학교는 폐교로서 처리할 것, 조선학교에 재학하는 아동 학생은 공립학교에 수용할 것, 교과서는 '국정교과서' 혹은 '문부성 검정교과서'를 사용할 것, 조련 관계자는 학교로부터 배제할 것, 교육 내용이나 명칭에서 조련을 연상하는 모든 것을 불식시킬 것 등을 명령했다.[15] 결과적으로 10월 19일 92개교에 폐쇄 접수 명령을 내리고 245개교에 사립학교 신청 절차를 밟도록 했다. 여기에 응하지 않은 120개교는 자동 폐쇄하

---

15   1949년 10월 13일 문부성 관리국장/법무부 특별 심사국장 공동통첩에 의한다.

는 것으로 간주하고, 신청 절차를 밟은 오사카 백두학원이 경영하는 3개교를 사립학교로 인가했으며, 나머지 128개교 모두 폐쇄를 명령했다. 총련 산하의 조선학교는 대부분 폐쇄되어 시작된 지 4년 만에 비합법적인 존재가 되었다.

다음 〈표 4〉는 조선학교 민족운동의 역사와 주요 사건을 정리한 것이다.

〈표 4〉 조선학교 민족교육 운동의 역사와 주요 사건(1945~2000년)[16]

연도	민족교육 권리운동 내용
1945년 8월 15일	해방 이후 국어강습소 설치
1948년 4월 24일	제1차 한신교육투쟁
1949년 9월 8일	제2차 한신교육투쟁
1952년 4월 28일	샌프란시스코강화조약
1953년 5월 18일	학교법인 교토 조선학원 각종학교 인가 취득(인가학교 수 총 7개교)
1955년 4월 1일	학교법인 도쿄 조선학원 각종학교 인가 취득 이후 1961년 오사카 조선학원, 1963년 효고 조선학원, 1964년 후쿠오카 조선학원, 1965년 가나가와 조선학원 인가 취득
1955년 5월 25일	재일본조선인총연합회(총련) 결성
1956년	도쿄 조선 중·고급학교 내 조선대학교 창립
1957년 4월	북한에서 교육장려금과 장학금 송금 시작
1959년	조선대학교 도쿄 고다이라시(小平市) 이전
1968년 4위 17일	조선대학교 각종학교 인가
1980년대 말	조선학교 JR 통학 정기 할인율 차별 시정운동 시작
1993년 5월	조선학교(전수학교 및 각종학교) 전국 고등학교 종합체육대회 참가 승인
1994년	치마저고리 습격 사건
1994년 2월 21일	JR그룹 6개 회사 통학 정기운임 할인율 조선학교에도 적용 결정

16 月刊イオ編集部(2015).『高校無償化裁判: 249人の朝鮮高校生たたかいの記録』. 東京: 樹花舎, pp. 101-125 자료를 중심으로 필자 작성.

연도	민족교육 권리운동 내용
1994년 12월	민족학교 출신자 교토대학 수험자격을 요구하는 연락협의회 결성(대표: 교토대학 김해영)
1996년	민족학교 출신자의 수험자격을 요구하는 전국연락협의회 결성
2003년 3월 6일	문부성 구미평가기관에 의해 인증을 받은 인터내셔널 학교만 수험자격 인정하고 아시아계 학교 배제
2003년 9월 19일	법령 개정으로 각 대학의 개별 심사 및 일본 국립대학 대부분이 조선학교 졸업생 수험자격 인정
2003년 12월	도쿄도 고토구 에다가와(東京都江東区枝川) 도쿄 조선 제2 초급학교의 교내 토지 일부 반환과 4억 엔 손해배상 제소
2004년 7월	에다가와 재판 연락회 결성
2005년 5월	에다가와 조선학교 지원 도민 기금 설립, 한국에서도 에다가와 조선학교 문제 대책회의 결성
2007년 3월 8일	에다가와 조선학교 측 토지 4,000m^2 1억 7천만 엔의 화해금을 지불하고 취득
2009년 9월 16일	민주당 하토야마 정권 발족, 당 정책으로 무상화 제도 공약
2009년 12월 4일	교토 조선 제1 초급학교 습격 사건 재판
2010년	고교 수업료 무상화 및 입학지원지급제도 배제
2012년 12월 28일	시모무라(下村) 문부성, 무상화로부터 조선학교 배제 선언
2013년 1월 24일	아이치, 오사카에서 일본 정부를 상대로 소송, 무상화 재판 투쟁 시작
2013년 10월 7일	교토지방재판소 재특회 습격 행위를 인종차별로 판결, 1,226만 엔 배상금 판결과 200미터 권내 가두선전 금지 명령
2017년 7월 19일	히로시마 조선고급학교 무상화 배제 조치 소송 원고 패소 판결
2017년 7월 28일	오사카 조선고급학교(조선고교) 무상화 배제 조치 원고 승소 판결

1960년대 '외국인학교법안'에 대해 살펴보면 다음과 같다.

1965년 한일기본조약이 체결되자 일본 정부는 조선인의 일본학교 입학을 시도하게 된다. 이것이 '외국인학교법안'으로 국회에 제출되어 조선학교의 규제를 도모하게 된다.[17] 이 법안은 1960년대 후반부

---

17 '외국인학교법안'의 기본 내용은 "외국인학교에서의 교육은 일본의 이익과 안전을 방해하는 것이어서는 안 된다. 감독청은 문부성으로 장관은 학교의 설치, 폐지 등 허가권을 가진다. 수업 등의 변경, 중지 명령, 학교의 폐쇄 명령을 지시하거나 출입 검사를 할 수 있다" 등으로

터 1970년대 초반까지 법률화가 진행되었는데, 본격적으로는 1965년 12월 발의된 도도부현 교육위원회와 지사 상대의 문부성 차관 공문 "조선인만을 수용하는 교육시설의 취급"에 관한 사항이었다. 이 공문은 조선학교를 "학교 교육법 제1조의 학교로서 허가해서는 안 된다", "조선인으로서의 민족성 혹은 국민성을 함양하는 것을 목적으로 하는 조선학교는 일본 사회에서 각종학교의 지위를 부여하는 것을 인정할 수 없다"라고 하여 재일조선인의 민족교육을 전면 부정하거나 동화정책을 선언하는 것이었다. 1965년 문부성 통달의 주요 내용은 당시 외국인학교의 절대다수를 차지하고 있던 조선학교에 대한 단속을 의도한 '외국인학교법안'이었다. 이 법안은 1966년 5월 각의에서 '학교교육법 일부를 개정하는 법률안'으로 승인받아 국회에 제출하려고 했지만, 여론의 반대로 좌절되었다.

1970년대부터 1980년대까지는 일본 내 국제인권조약이나 난민조약 비준을 계기로 '특별영주' 취득이나 각종 사회보장제도에서의 국적조항 철폐 등 재일동포의 법적 지위 향상과 차별적 처우의 시정이 본격화되었다. 이 가운데에서 주목할 만한 것은 1994년 2월 JR그룹 6개 회사가 통학 정기운임의 할인율을 조선학교 학생에게도 일본학교와 똑같이 적용할 것을 결정하여 같은 해 4월부터 적용되었다. 또한 당시 조선고교는 일본고교 스포츠의 총본산이던 전국고등학교체육연맹이 주최하는 공식 시합에 출전할 수 없는 상황이었는데, 1994년부터 출전이 가능해졌고 1997년부터는 공식적으로 외국인학교의 전국대회 참여가 가능해졌다. 1994년도에는 북한의 핵 개발 의혹에 따라 치마저고리를 입은 조선학교 여학생들에 대한 습격 사건이 빈발한 시기였

1970년대 중반까지 몇 차례 일본 국회에 제출되었지만, 일본인과 조선인의 반대운동에 부딪혀 폐안되었다.

다. 2000년 전반기에는 조선고교 졸업생에 대한 대학 수험자격에 대해 조선학교를 비롯한 각종학교의 외국인학교 졸업생에 대한 수험자격이 없다는 견해를 견지했다. 2003년 9월 법령 개정으로 대부분 국립대학이 조선고교 졸업생의 수험자격을 인정하게 되었지만, 일부 외국인학교에 국한되어 있는 상황이다. 2003년 12월에는 도쿄 에다가와 조선 제2 초급학교가 토지의 일부 반환과 4억 엔의 손해배상금 청구로 일본 정부에 제소당했다. 이 재판은 2007년 3월 한국에서의 지원과 도쿄 도민 기금으로 화해금을 지급함으로써 승소했다. 2009년 12월에는 교토 조선 제1 초급학교 습격 사건을 둘러싼 재판이 열리게 되었다. 이 재판은 재특회 등 배외주의 단체회원들이 조선학교 앞 공원을 불법 점거하고 있다고 주장하며 차별적 가두행진을 벌인 사건이었다. 결국 판결은 2014년 12월 조선학교에 "재일조선인의 민족교육을 수행하는 인격적 가치"가 높고 "민족교육을 시행하는 장소로서 사회적 평가"가 형성되어왔다고 주장함으로써 피고 측의 상고를 기각했다.

이와 같이 1945년 해방 이후 일본 정부의 조선학교에 대한 차별과 배제는 크게 다음과 같은 세 가지 측면에서 진행되어온 것으로 보인다.

첫째, 1948~1949년 발생한 '한신교육투쟁'에 의한 조선학교 강제 폐쇄 사건이다.

둘째, 1960년대 후반부터 1970년대 초반 무렵 발의된 '외국인학교 법안'이다. 이 법안은 각종학교로서의 재일조선인 민족교육을 전면적으로 부정하고 동화정책을 선언하여 재일외국인의 민족교육권을 국가권력에 의해 규제하고 조선학교가 취득한 허가를 무효화할 목적이었지만 반대운동에 부딪혀 폐안되었다.

셋째, 조선고교의 무상화 배제, 입학지원금 보조금 지급유예, 교육내용이나 운영개입 등 조선학교 차별과 배제로 이 문제에 대해서는 나중에 더 상세히 기술하고자 한다.

2) 일본 지역별 조선학교의 학생 수 및 학교 수 추이

일본에 있는 조선학교의 기원은 초기 국어강습소에서 학교로 변해 가는 과정을 거쳐 오늘에 이르고 있다. 일제강점기 일본에서 생활하던 재일조선인은 1945년 해방과 더불어 민족어인 조선어 학습을 위해 일본 각지에 '국어강습소'을 개설했다.[18] 일본에서는 1952년 이후 조선 초급(초등)·중급(중급)·고급(고등) 교육과정이 설치되었고, 2017년 기준 일본 전국의 조선학교 수는 유치원과 대학을 제외한 98개교로 추정된다. 일본 정부는 조선학교를 '비공식' 기관인 각종학교로 분류한다. 2010년 대 들어 일본 정부의 보조금 중단, 학생 수 감소, 교육의 질 저하 등으로 어려움을 겪고 있다. 일본 학교교육법에 따르면 조선학교는 지자체의 인가를 받은 각종학교에 속한다. 일본 학교에 해당하는 교육과정을 도입했으며, 학생들은 '조선'의 역사 등을 배운다. 일본 문부과학성에 따르면 2017년 9월을 기준으로 조선 고급학교는 10개교(총 11개교에서 1990년대 1개교 휴교)가 있으며, 1,389명이 재학하고 있는 것으로 나타났다.[19]

다음 〈표 5〉를 살펴보면 지역별로 조선학교가 가장 많이 분포된 지역으로는 간토 지역, 주부·기타신에쓰, 긴키 지역, 주고쿠·시코쿠, 홋카이도/도호쿠, 규슈 지역 순으로 나타나고 있다.

---

18 재일조선인, 조선어, 재일동포, 재일코리안 등 일본에 거주하는 동포를 지칭하는 용어는 시대적·역사적 배경에 따라 용어를 선택적으로 구분하여 사용했다.

19 오마이뉴스. 2017년 7월 21일자. "'조선학교 무상교육' 거부한 일본 법원의 '후안무치': 일본 정부 "북한과 관계 의심" 주장에 힘 실어준 일본 법원."

〈표 5〉 조선학교 현황 및 고교무상화 교육 관련 재판 중인 5개 학교[20]

도도부	도도부현 지역별 조선학교	조선 학교명	1990년대 이후 통폐합 학교	무상화 소송 학교 및 결과
홋카이도·도호쿠 (北海道·東北)	홋카이도 (北海道: 学校法人北海道朝鮮学園)-3	北海道朝鮮初中高級学校(3)		北海道朝鮮初中高級学校
	미야기현 (宮城県: 学校法人宮城朝鮮学園)-2	東北朝鮮初中級学校(2)	宮城県東北朝鮮初中高級学校(高級部 休校)-1	
	후쿠시마현 (福島県: 学校法人福島朝鮮学園)-2	福島朝鮮初中級学校(2)		
간토 (関東)	도쿄도 (東京都: 学校法人東京朝鮮学園)-17	朝鮮大学校(1), 東京朝鮮中高級学校(2), 東京朝鮮第一初中級学校(2), 東京朝鮮第四初中級学校(2), 東京朝鮮第五初中級学校(2), 西東京朝鮮第一初中級学校(2), 東京朝鮮第二初中級学校(2), 東京朝鮮第三初級学校(1), 東京朝鮮第六初級学校(1), 東京朝鮮第九初級学校(1)		東京朝鮮中高級学校-소송중(9월 13일)
	가나가와현 (神奈川県: 学校法人神奈川朝鮮学園)-6	神奈川朝鮮中高級学校(2), 横浜朝鮮初級学校(1), 川崎朝鮮初中級学校(1), 南武朝鮮初級学校(1), 鶴見朝鮮初級学校(1)	川崎朝鮮初中級学校《中級部神奈川朝鮮中高級学校合併》-1	神奈川朝鮮中高級学校
	사이타마현 (埼玉県: 学校法人埼玉朝鮮学園)-3	埼玉朝鮮初中級学校(2), 埼玉朝鮮初中級学校・幼稚部(3)	埼玉朝鮮幼稚園《埼玉朝鮮初中級学校統合》-1	
	치바현 (千葉県: 学校法人千葉朝鮮学園)-2	千葉朝鮮初中級学校(2)		

도도부현 지역별 조선학교	조선 학교명	1990년대 이후 통폐합 학교	무상화 소송 학교 및 결과
간토 (関東)	이바라기현(茨城県 : 学校法人茨城朝鮮学園)-3	茨城朝鮮初中高級学校(3)		茨城朝鮮初中高級学校
	군마현(群馬県 : 学校法人群馬朝鮮学園)-2	群馬朝鮮初中級学校(2)		
	도쓰기현(栃木県 : 学校法人栃木朝鮮学園)-2	栃木朝鮮初中級学校(2)		
	아이치현(愛知県 : 学校法人愛知朝鮮学園)-6	愛知朝鮮中高級学校(2), 東春朝鮮初級学校(1), 名古屋朝鮮初級学校(1), 豊橋朝鮮初級学校(1), 愛知朝鮮第七初級学校(1)	愛知朝鮮第九初級学校《休校》-1	愛知朝鮮中高級学校 - 소송 승
주부/ 기타신에쓰 (中部・ 北信越)	시즈오카현(静岡県 : 学校法人静岡朝鮮学園)-2	静岡朝鮮初中級学校(2)		
	나가노현(長野県 : 学校法人長野朝鮮学園)-2	長野朝鮮初中級学校(2)		
	니가타현(新潟県 : 学校法人新潟朝鮮学園)-2	新潟朝鮮初中級学校(2)		
	후쿠이현(福井県 : 学校法人福井朝鮮学園)-2	北陸朝鮮初中級学校(2)		

이 표는 일본 위키백과의 '조선학교' 항목(검색일 : 2017.09.05)과 朴三石(2011)의 前揭書, pp. 13~14에 나타난 2010년도 현황 자료 등을 참고하여 연구자가 작성한 것임.

도도부현 지역별 조선학교		조선 학교명	1990년대 이후 통폐합 학교	무상화 소송 학교 및 결과
주부/기타신에쓰 (中部·北信越)	기후현(岐阜県 : 学校法人岐阜朝鮮学園)-2	岐阜朝鮮初中級学校(2)	東濃朝鮮初中級学校《愛知·東春朝鮮初中級学校統合》-1	
	미에현(三重県 : 学校法人三重朝鮮学園)-2	四日市朝鮮初中級学校(2)		
	오사카부(大阪府 : 学校法人大阪朝鮮学園)-11	大阪朝鮮高級学校(1), 東大阪朝鮮中級学校(1), 北大阪朝鮮初中級学校(2), 生野朝鮮初級学校(1), 中大阪朝鮮初級学校(1), 東大阪朝鮮初級学校(1), 南大阪朝鮮第四初級学校(1), 大阪朝鮮第四初級学校(1), 北朝鮮福島朝鮮初級学校(1), 大阪福島朝鮮初級学校(1)	堺朝鮮初初級学校《西大阪朝鮮初級学校統合》, 西大阪朝鮮初級学校統合, 南大阪朝鮮初級学校統合《泉州朝鮮初級学校統合《閉校 西大阪朝鮮初級学校(二) 南大阪朝鮮初級学校(二)》-3	大阪朝鮮高級学校 - 7일 28일 승소
긴키 (近畿)	효고부(兵庫県 : 学校法人兵庫朝鮮学園)-9	神戸朝鮮高級学校(1), 神戸朝鮮初中級学校(2), 西播朝鮮初中級学校(2), 尼崎朝鮮初中級学校(2), 西神戸朝鮮初級学校(1), 伊丹朝鮮初級学校(1)	阪神朝鮮初級学校(二統合), 宝塚朝鮮初級学校(二統合), 尼崎《伊丹朝鮮初級学校(二統合), 明石朝鮮初級学校(神戸朝鮮初中級学校に統合)-4	神戸朝鮮高級学校
	교토부(京都府 : 学校法人京都朝鮮学園)-4	京都朝鮮中高級学校(2), 京都朝鮮第一初級学校(1), 京都朝鮮第二初級学校(1)	舞鶴朝鮮初中級学校《休校》, 京都朝鮮第一初級学校《休校》-2	京都朝鮮中高級学校
	나라현(奈良県)		奈良朝鮮初級学校《休校》-1	
	시가현(滋賀県 : 学校法人滋賀朝鮮学園)-1	滋賀朝鮮初級学校(1)		

도도부현 지역별 조선학교		조선 학교명	1990년대 이후 통폐합 학교	무상화 소송 학교 및 결과
긴키 (近畿)	와카야마현(和歌山県·学校法人和歌山朝鮮学園)-2	和歌山朝鮮初中級学校(2)		
	히로시마현(広島県·学校法人広島朝鮮学園)-3	広島朝鮮初中高級学校(3)		広島朝鮮初中高級学校-7월 19일 폐소
	오카야마현(岡山県·学校法人岡山朝鮮学園)-2	岡山朝鮮初中級学校(2)		
주고쿠/ 시코쿠 (中国·四国)	야마구치현(山口県·学校法人山口朝鮮学園)-2	山口朝鮮初中級学校(2)	山口朝鮮初級学校《休校》, 下関朝鮮初中級学校《「宇部」と統合し山口朝鮮初中級学校(二), 宇部朝鮮初中級学校《「下関」と統合し山口朝鮮初中級学校(二), 徳山朝鮮初中級学校《休校》-4	
	에히메현(愛媛県·学校法人愛媛朝鮮学園)-2	四国朝鮮初中級学校(2)		
	시마네현(島根県)		山陰朝鮮初中級学校《岡山朝鮮初中級学校に統合》-1	
규슈(九州)	후쿠오카현(福岡県·学校法人福岡朝鮮学園)-5	九州朝鮮中高級学校(2), 北九州朝鮮初級学校(1), 福岡朝鮮初級学校(1), 小倉朝鮮幼稚園(1)	筑豊朝鮮初級学校《北九州朝鮮初級学校に統合》-1	九州朝鮮中高級学校-소송 중
6개 도도부현	29개 지역	101개 학교	21개교	10개교 중 5개교 소송

현재 조선학교 현황은 유치원 2개, 초급학교 54개, 중급학교 34개, 고급학교 10개, 대학교 1개 등 총 101개 정도인 것으로 나타났다. 1990년대 통폐합 혹은 휴교 상태인 조선학교는 총 21개로 긴키 지역이 7개 학교로 가장 많았고, 그 다음이 주고쿠·시코쿠 지역으로 5개 학교였다. 전체적으로 통폐합된 조선학교 21개 학교 중 휴교가 7개 학교, 통폐합이 14개교로 나타났다. 조선고급학교의 경우에는 1990년대 이후 1개 고급학교가 휴교하여 현재 총 10개 학교가 운영되고 있으며, 고교무상화법과 관련하여 5개 학교가 무효소송을 진행 중이다.

　　조선학교 단계별 변화 추이를 살펴보면 1965년 4월 고급학교 12개교, 중급학교 56개교, 초급학교 85개교, 대학교 1개교, 유치원 68개로 총 254개교였다. 1996년 4월에는 대학교 1개교, 고급학교 12개교, 중급학교 52개교, 초급학교 76개교, 유치원 61개로 감소했다. 2007년 4월에는 대학교 1개, 고급학교 11개교, 중급학교 36개교, 초급학교 62개교, 유치원 42개로 총 110개교였다. 2010년 4월에는 대학교 1개교, 고급학교 10개교, 중급학교 33개교, 유치원 39개로 총 99개교로 1970년도에 이후 유치원과 초·중급학교의 감소가 현저한 것으로 나타났다.[21]

　　다음 〈표 6〉은 조선학교 수의 변화추이를 나타낸다.

21　　朴三石(2011). 前揭書, pp. 188-189.

〈표 6〉 조선학교 수, 학생 수, 교원 수 변화추이[22]

연도	학교 형태	학교 수	학생 수	교원 수
1946년 6월 10일	초등교육시설	206개교	16,502명	326명
1946년 10월	초등교육시설	525개교	42,182명	1,032명
	중학교	4개교	1,180명	
	청년학원	12개교	724명	54명
1947년 10월	초등학교	541개교	46,961명	
	중학교	7개교	2,761명	
1948년 4월	초등학교	455개교	48,930명	
	중학교	7개교	2,416명	
1949년 4월	소학교	288개교	32,368명	
	중학교	16개교	4,555명	
	고등학교	3개교	364명	
1952년 4월	자주학교 공립분교 민족학급	자주학교 44개교(소학교 38, 중학교 4, 고등학교 2), 공립분교 18개교(소학교 17, 중학교 1), 민족학급 77개교(소학교 68, 중학교 9)로 총 139개교	17,628명	
	초·중·고급학교	174개교(초급부 154, 중급부 17, 고급부 3)		
1960년	초·중·고급대학교	135개교	35,250명	
1970년대	초·중·고급대학교	161개교	46,000명	
2004년	초·중·고급대학교		11,500명	
2008년	초·중·고급대학교		11,000명	
2010년 4월	초·중·고급대학교	99개교(초급 55, 중급 33, 고급 10, 대학 1)	10,000명	
2011년	초·중·고급대학교		7,700명	
2015년	초·중·고급대학교		6,400명	
2017년 현재	초·중·고급대학교	101개교	8,000명	

---

22 朴三石(2011). 前揭書, p. 13, p. 157, p. 166을 참고하여 작성.

1945년 해방과 더불어 일본에서는 귀국을 전제로 한 '국어강습소'
가 속속 등장하기 시작했다. 1946년 재일조선인연맹(조련)은 국어강습
소를 3년제 초등교육시설로 개편했다. 국어강습소는 1946년 9월 3년
제 초등교육시설에서 6년제로 전환했고, 10월에는 일본 전국 525개교
에 학생 수 4만 2,182명, 교원 1,032명으로 급증했다. 이 외에도 '청년
학원'이 12개교에 학생 수 724명, 교원 54명 등 해방 이후 재일조선인
의 민족교육 시설은 전국 537개교에 학생 수 4만 2,906명, 교원 1,086
명에 달했다.[23] 1946년 말까지 조선학교는 체계적으로 정리하는 민족
교육 운동에 따라 1948년 10월에는 도쿄 조선중학교에 고등학교를
병설하여 후기 중등교육을 실시할 수 있게 되었다.[24]

1948년 4월 5만 명에 달하던 조선학교 학생 수는 1948년과 1949년
두 차례에 걸친 조선학교 폐쇄 조치로 인해 1952년 4월에는 1만 7천
명 정도로 감소했다. 1952년 시점에서 조선학교 수는 174개교(초급부 154
개교, 중급부 17개교, 고급부 3개교)에 학생 수는 1만 7,628명으로, 1960년대에는
학교 수 135개교, 학생 수 35,250명으로 학교 수는 감소했지만 학생
수는 증가하는 현상을 보였다. 조선학교 학생들은 대부분 일본학교로
전학하거나 취학하지 못하고, 민족학교는 자주학교, 공립분교, 민족학
급 형태로 남게 되었다. 학교 폐쇄를 거부하고 자주학교로 존재한 조
선학교 수는 효고현 17개교, 아이치현 10개교, 히로시마현 4개교, 가
나가와현, 치바현, 시즈오카현 등 전국 44개교였다. 공립학교는 분교
를 포함하여 도쿄도 14개교, 효고현 8개교, 가나가와현 5개교, 아이치
현 3개교, 오사카부, 야마구치현 등 전국 33개교였다.[25]

23   月刊イオ編集部(2015). 前掲書, pp. 104-105.
24   李東準(1965). 『日本にいる朝鮮のこども』. 東京: 春秋社, p. 67.
25   小沢有作(1973). 前掲書, p. 285.

위의 〈표 6〉에서 제시한 바와 같이 조선학교 수 및 학생 수는 1948년 한신교육투쟁 전후로 감소하다가 이후 지속적인 증가세로 돌아섰으며, 1970년대 최고 절정기에 이르렀다. 당시 조선학교 수 161개교, 학생 수 4만 6천 명이었으며, 주요 원인은 1959년 12월부터 개시된 북송사업 실현으로 재일조선인이 북한 귀국 준비를 위해 자녀들을 조선학교에 보내는 이들이 증가했기 때문이다. 이후 북한으로의 귀국자 수 감소와 인구 자체의 감소, 저출산·고령화 사회로의 진입, 경제적인 부담 등으로 조선학교 수는 감소하기 시작했다. 1970년 5만 명에 달하던 학생 수는 1980년대 2만 명대로 감소하여 1990년대 후반에는 1만 명대, 2017년 현재 학생 수는 최고 절정기의 4분의 1 정도 수준인 8천 명 정도로 감소 경향을 보이고 있지만 학교 수 자체는 큰 변함이 없다.

그동안 조선학교는 취학 대상인 조선인 3세로의 변화와 국제사회의 교육 환경 변화에 대응하여 총 4회에 걸쳐 교과서를 개편했다.

제1회는 1974년부터 1977년까지로 재일조선인 학생들의 실정을 고려하여 재일조선인 사회를 토대로 한 커리큘럼과 교과서를 일부 개편했다. 또한 일부 고급부에 문과 계통 과정과 이과 계통, 상업과 계통 등 3개 과정을 설치했다.

제2회는 1983년에서 1985년까지로 재일조선인의 실정을 고려하여 학교교육의 실효성을 제고하기 위한 방향으로 교과서와 커리큘럼을 개편했다. 이때는 당시까지 귀국을 전제로 한 교육 내용에서 일본에서의 영주를 전제로 한 교육 내용으로, 특히 사회와 일본어 과목의 내용이 크게 개편되었다.

제3회는 1993년부터 1995년에 걸쳐 개편되었다. 제3회 개편에서는 국제화·정보화의 요청과 보호자의 교육수요를 고려하는 방향으로 개편되었는데, 총 122종에 달하는 교과서를 일신하여 과목의 배열과 내용, 편성 등을 개선했다.

제4회는 2003년부터 2006년까지로 커리큘럼과 교과서 개편에서 민족성을 전면에 배치하여 재일조선인 사회와 일본, 국제사회에서 활약할 수 있는 인재 육성 방향으로 개편되었다. 특히 보호자와 학생들의 요구를 충분히 반영한 교과서 개편과 일본학교와 비슷한 주 5일제 근무를 도입했다.[26]

3) 조선고교무상화 제도와 민족교육의 차별과 배제

고교무상화 제도는 2010년 4월 당시 여당이던 일본 민주당이 도입한 정책이다. 다음 〈표 7〉은 조선학교 고교무상화 제도 성립과 조선학교 배제 과정을 정리한 것이다.

〈표 7〉 조선학교 고교무상화 제도 성립과 조선학교 배제 과정[27]

연도	일자	주요 내용
2009년	9월 16일	민주당 하토야마 정권 발족, 당 정책으로 무상화 제도 공약
2010년	1월 18일	무상화 법안 성립을 위한 국회 시작
	1월 29일	무상화 법안을 국회에 제출 건의 각의 결정
	2월 21일	나카이 오키(中井沖) 일본인 납치 담당 장관이 가와바타 다쓰오(川端達夫) 문부성 장관에게 조선고교 배제를 요청한 사실이 보도로 판명
	2월 23일	가와바타(川端) 문부성 장관이 기자회견에서 무상화에 대해 "외교는 고려하지 않는다"라고 피력

---

26   朴三石(2011). 前揭書, pp. 187-189.

27   月刊イオ編集部(2015). 前揭書, pp. 18-24 자료를 중심으로 필자 작성.

연도	일자	주요 내용
2010년	2월 24~25일	유엔인종차별철폐위원회(제네바)에서 복수의 위원이 조선학교에 대한 무상화 제외의 움직임에 우려 표명
	2월 25일	중의원 본회의에서 무상화 법안 심의. 하토야마 유키오(鳩山由紀夫) 총리는 "국교 있는 나라 우선", "지도 내용 보이지 않음"을 이유로 조선학교 제외 시사. 중의원 제1 의원회관에서 도쿄 조선학원 이사장과 일본인들이 기자회견 엶. 이후 각지에서 기자회견과 집회, 요청 행동 시행
	3월 3일	중의원 문부과학위원회 다나카 마키코(田中真紀子) 위원장과 위원이 도쿄 중·고 방문. 사회당 마타이치 세이지(又市征治) 부당수 참여
	3월 5일	변호사 332인에 의한 '외국인학교·민족학교의 문제를 생각하는 유지의 모임'에서 하토야마 수상과 문부성에 의견서 제출. 일본 변호사연합회 회장 성명
	3월 16일	무상화 법안이 중의원 본회의에서 가결(31일 참의원 본회의에서 가결)
	4월 1일	무상화 법안 시행. 문부과학성령(省令) 시행규칙 제출
	4월 30일	문부성 고시, 31개교 외국인학교 지정
	5월 26일	조선고교 취급에 대해 전문가에 의한 검토회의 설치. 이후 5회의 검토회의
	8월 30일	문부성 검토회의 보고 발표. "개개의 구체적인 교육 내용은 기준을 삼지 않는다", "외교상의 배려로 판단하지 않고 교육상의 관점에서 판단해야 한다" 등으로 판단
	11월 5일	민주당 정조회의 승인을 받아 다카키(高木) 문부상이 적용 기준 발표
	11월 24일	연평도 포격 사건(23일)을 계기로 간(菅) 수상이 심사 절차 정지 지시
	11월 30일	문부성 지시로 모든 조선고교가 신청 서류 제출
2011년	1월 17일	도쿄 조선학원이 문부성에 대해 "취학 지원금 지급 대상 학교에 지정하지 않는 것은 행정 불이행에 해당한다"라고 이의신청
	2월 4일	다카키 문부상이 도쿄 조선학원의 이의신청에 대해 '북한의 포격' 운운하는 불이행 이유 통지
	6월 23일	전국 조선학교 교장회 대표들이 문부성을 방문하여 심사 재개 요망서 제출, 심사가 재개되지 않으면 제소에 들어갈 것을 시사
	8월 29일	간(菅) 수상이 절차 재개 지시
	11월 30일	전국 조선학교 현지조사 종료
2012년	9월 20일	오사카 조선학원, 보조금 문제로 부와 시 제소
	12월 26일	자민당/공명당 연립에 의한 제2차 아베 정권 발족
	12월 28일	시모무라(下村) 문부성, 조선학교 무상화 배제 선언. 성령(省令) 개정을 위한 퍼블릭 코멘트 실시

연도	일자	주요 내용
2013년	1월 24일	아이치현, 오사카부에서 일본 정부 상대로 소송, 무상화 재판 투쟁 시작
	2월 20일	문부성, 성령(省令) 시행규칙 개악으로 조선고교 10개 학교 '미지정' 처분 통지
2017년	7월 19일	히로시마지방재판소는 히로시마 조선학원이 제기한 소송에서 조선학교 무상화 기각
	7월 28일	오사카지방재판소는 오사카 조선고급학교(조선고교)를 운영하는 조선학원이 일본 정부의 조선학교 고교 수업료 무상화 배제 조치가 위법이라며 낸 손해배상 청구 소송에서 원고 승소 판결
	9월 13일	도쿄 조선학원 대상 조선학교 고교무상화 재판 예정

　일본은 2010년부터 공립고교에서는 수업료를 받지 않고 사립고교에는 정부가 학생들의 학비를 1인당 연간 12~24만 엔(약 120~240만 원) 지원해주는 방식의 고교 수업료 무상화 제도를 시행 중이다. 하지만 당시 이 제도를 도입하면서 조선학교를 대상에 넣을지 결정하지 못하다가 2012년 12월 아베 신조 자민당 정권이 출범한 뒤 조선학교 배제 방침을 확정했다. 당시 고교무상화법에는 공립고등학교가 아닌 조선학교 등의 '각종학교'에도 취학 지원금(1인당 해마다 11만 8,800엔)을 지급한다는 내용이 담겨있었다. 하지만 같은 해 11월 민주당은 북한이 연평도를 포격했다는 이유로 조선학교에 대한 고교무상화 제도의 심사를 보류했다. 이후 2013년 집권한 자민당은 총련에 의해 운영되는 조선고교가 "북한과의 연계가 우려된다"라는 이유로 히로시마 조선고교를 포함한 조선고교 10개교를 무상화 대상에서 제외했다.

　고교무상화 제도에서 제외된 조선고교 10개교 중 오사카부, 아이치(나고야)현, 히로시마현, 후쿠오카현, 도쿄도의 조선학원과 학생들은 고교무상화 제외 취소 소송과 국가를 상대로 한 손해배상 소송을 제기했다.

　일본 정부가 2010년 국회에 의안을 상정하여 2012년 조선고교를 배제한 무상화 교육법에 대해 2017년 7월 19일 히로시마지방재판소는 히로시마 조선학원이 제기한 소송에서 일본 정부의 손을 들어줬다. 무상화에서 배제된 조선학교 10곳 중 5곳이 소송을 제기한 가운데 히로시마에서는 7월 19일 패소했고, 오사카에서는 승소했다. 오사카에서는 "조선고급학교(고등학교) 학생 등이 학교를 수업료 무상화 대상에서 제외한 일본 정부의 조치가 헌법에 위반된다"라며 제기한 소송에 대해 일본 법원이 정부의 편을 들었다. 이번 판결은 "일본 정부의 조치가 민족교육을 받는 조선학교 학생들의 기본권을 침해한다"라는 목소리가 꾸준히 제기되는 가운데 내려진 첫 판결이었다.

일본 언론에 따르면, 7월 28일 오사카지방재판소는 오사카 조선고급학교(조선고교)를 운영하는 조선학원이 일본 정부의 조선학교 고교 수업료 무상화 배제 조치가 위법이라며 낸 손해배상 청구 소송에서 원고 승소 판결했다. 일본 재판소는 "일본인 납치 문제해결에 방해가 돼 국민의 이해를 얻을 수 없다는 외교·정치적 의견에 기초해 조선학교를 수업료 무상화 대상에서 제외했다는 것이 인정된다. 법률의 취지를 일탈한 위법이고 무효"라고 지적했다. 또한 "수업료 무상화 대상에서 배제되면서 조선학교 학생의 평등권과 교육받을 권리가 침해됐다"라며 "일본 정부는 조선학교를 수업료 무상화 대상으로 지정하라"라고 명령했다.[28] 이번 판결은 다른 곳에서 진행 중인 같은 소송에도 영향을 미칠 것으로 전망된다. 9월 13일 선고 예정인 도쿄를 비롯해 나고야, 후쿠오카 등에서도 조선고교 수업료 무상화 배제에 대한 소송이 진행될 예정이다.

2020년에는 코로나19로 인한 긴급 교육 지원 정책에서도 조선학

---

28 『경향신문』, 2017년 7월 29일자 보도기사 참조.

교가 제외되어 또다시 논란이 발생했다. 2025년 현재 조선학교는 여전히 고교무상화 대상에서 제외된 상태이다. 일부 지방자치단체는 독자적으로 조선학교 지원을 시도하고 있으나, 중앙정부 차원의 무상화 조치는 이루어지지 않고 있다.

일본 정부는 조선학교의 교육과정에 개입한다는 이유로 1955년 설립된 친북한계 재일동포 단체인 재일본조선인총연합회(조선총련)를 의심하고 있다. 일본에서는 '불량국가'로 인식되는 북한과 가까운 조선학교에 재정을 지원하면, 그 재정이 교육을 위해 활용되지 않고 북한으로 흘러 들어가 무기 개발 등에 사용될 것이라는 우려가 적지 않다. 이처럼 조선학교에 대한 '혐오 여론'은 일본 사회에 널리 퍼져있다. 조선학교는 2007년 설립된 극우 시민단체인 '재일 특권을 용납하지 않는 시민 모임(재특회)'의 표적이 되기도 했다. 재특회 회원들은 조선학교의 운동장을 점거하고 "조선인은 일본에서 나가라"는 등의 폭력적인 행동을 일삼기도 했다.

이와 같은 조선학교에 대한 일본 사회의 인식은 재일동포가 일제강점기 당시 일본으로 건너와 차별을 감내하며 살아온 역사를 외면한 데서 비롯된 것이다. 이런 역사적 배경에서 조선학교가 한국어(조선어)와 민족교육을 받을 수 있는 교육기관이었다는 사실이 왜곡됐고, 반면 '조선학교는 북한과 가까우니 위험하다'라는 선입견만이 일본 사회에 팽배하게 되었다.

위의 〈표 7〉과 같이 1945년 해방 이후 조선학교를 둘러싼 투쟁의 역사는 시대적 상황에 따라 사건과 의미를 달리하여 출현해온 일본 정부 및 일본 사회를 상대로 한 투쟁의 역사라 해도 과언이 아니다. 현재까지 계속되고 있는 조선고교의 무상화 배제 역시 그 연장선상에서 생각해볼 수 있을 것이다.

4. 조선학교 무상화 운동과 민족교육의 미래

이 연구는 일본 사회에 존재하는 조선학교를 대상으로 민족교육 운동과 고교무상화 운동을 둘러싼 다음과 같은 세 가지를 규명하는 데 중점을 두었다.

첫째, 1945년 이후 '국어강습소'로 출발한 조선학교가 일본 사회의 차별과 배제 속에서 어떠한 민족교육 운동 과정을 거쳐 오늘날의 형태로 존재하는지를 살펴보고자 한다.

둘째, 해방 이후 조선학교는 일본 정부의 조선학교 정책에 의해 학생 수와 학교 수 측면에서 많은 변화를 겪어왔다. 조선학교의 변화 측면에서 일본 사회의 변화 동인과 역사적 요인들은 무엇인지에 대해 파악하고자 한다.

셋째, 현재 일본 사회에서 진행되고 있는 조선고교무상화 운동을 둘러싼 원인과 결과는 무엇이며 향후 어떻게 진행될 것인지에 대해 가늠해보고자 한다.

연구 방법은 교육 현장의 접근을 통해 수집된 면접자료나 2차 자료를 활용하여 조선학교 교육 현장에서 실제로 어떤 일들이 일어나고 있는지를 규명하는 데 중점을 두었다.

이 연구를 수행하기 위해 조선학교 교육 현장을 방문하여 면접조사를 수행하거나 조선학교 관련 자료를 수집했기 때문에 교육일선에서 일어나는 것과 현장에서 수집된 자료의 비교통합적 차원에서 파악하고 시사점을 제시하고자 하며, 연구 결과는 다음과 같다.

첫째, 1945년 해방 이후 일본 정부의 조선학교에 대한 차별과 배제는 크게 다음과 같은 세 가지 측면에서 진행되어온 것으로 보인다. ① 1948~1949년 발생한 '한신교육투쟁'에 의한 조선학교 강제 폐쇄 사건이다. ② 1960년대 후반부터 1970년대 초반 무렵 '외국인학교법안'이다. 이 법안은 각종학교로서의 재일조선인 민족교육을 전면적으로 부정하고, 동화정책을 선언하여 재일외국인의 민족교육권을 국가 권력에 의해 규제하여 조선학교가 취득한 허가를 무효화할 목적이었지만 반대운동에 부딪혀 폐안되었다. ③ 2010년 이후 조선고교의 무상화 배제, 입학지원금 보조금 지급유예, 교육 내용이나 운영개입 등 조선학교에 대한 차별과 배제가 더욱 심화하고 있는 것으로 나타났다.

둘째, 해방 이후 조선학교 수 및 학생 수는 1948년 한신교육투쟁 전후로 감소하다가 이후 지속적인 증가세로 돌아섰으며 1970년대에 최고 절정기에 도달했다. 당시 조선학교 수 161개교, 학생 수 4만 6천 명에 달했는데, 주요 원인은 1959년 12월부터 개시된 북송사업 실현으로 재일조선인이 북한 귀국 준비를 위해 자녀들을 조선학교에 보내는 이들이 증가했기 때문이다. 이후 북한으로의 귀국자 수 감소와 인구 자체의 감소, 저출산·고령화 사회로의 진입, 경제적인 부담 등으로 조선학교 수는 감소하기 시작했다. 1970년대 5만 명에 달하던 학생 수는 1980년대 2만 명대로 감소하여 1990년대 후반에는 1만 명대, 2017년 현재 학생 수는 최고 절정기의 4분 1 정도 수준인 8천 명 정도로 감소 경향을 보이고 있지만, 학교 수 자체는 큰 변화가 없는 것으로 나타났다.

셋째, 1945년 해방 이후 조선학교를 둘러싼 운동과 투쟁의 역사는 시대적 상황에 따라 사건과 의미를 달리하여 출현해온 일본 정부 및 일본 사회를 상대로 한 투쟁의 역사라 해도 과언이 아니다. 2017년 현재 계속되고 있는 조선고교의 무상화 배제 운동 역시 그 연장선상에서 생각해볼 수 있을 것이다.

결론적으로 고교무상화 운동을 둘러싼 조선학원 측과 일본 정부의 소송 쟁점은 조선학원 측은 민족교육권과 사회인권적인 측면을 강조하고 있고, 일본 정부 측은 정치경제적인 측면을 강조하고 있다. 이는 글로벌 시대 삶의 다양성을 상호 인정하지 않는 일본 사회의 단면을 그대로 보여주고 있음을 시사한다.

III

재일동포 민족학교 성장과 학교문화

1. 조선학교 성장의 역사적·사회적 배경

　일본에 존재하는 민족학교, 특히 조선학교에서 교가가 본격적으로 등장하기 시작한 것은 1980년대 이후로 알려졌다. 물론 그 이전부터 교가가 존재하기는 했지만, 이때부터 일본 각지의 조선학교에서 교가 발굴과 창작이 본격적으로 이루어졌다. 그러면 왜 글로벌 시대가 시작되는 1980년대 이후 시점에서 일본에 존재한 민족학교, 특히 조선학교에서 교가 창작이 대대적으로 이루어졌는지는 좀 더 상세히 연구해 볼 필요가 있다. 1980년대 당시 재일동포 사회의 상황에서 교가의 적극적인 창작이 왜 이루어졌는지를 재일동포 2~3세의 일본 정주의 기정사실화, 조선학교의 안정적인 정착과 발전, 재일동포로서의 정체성 확보 등 다양한 요인을 생각해볼 수 있다. 그러나 이들 요인 중 당시 1980년대 이후 무엇보다 조선학교 학생 수의 급감과 위기의식, 학부모와 학생들 간의 연대감 형성 필요, 조선학교와 동포사회의 일체감 형성 필요 등이 복합적으로 작용한 결과로 보인다. 1980년대 당시 재일동포 사회는 정주화와 세대교체가 진행되는 상황에서 민족교육이 위기를 맞고 있었다. 왜냐하면 일본에서 생활하는 재일동포의 세대교체에 따른 정주화 경향이 두드러지면서 조선학교에서는 일본어 습득의 어려움이 정주화의 불안 요소로 작용했다. 이에 조선학교 학생들이 일본학교로 대거 전학하는 사태가 발생했다. 1967년 당시 조선학교 재적 학생 수가 3만 5,589명이었던 것이 1981년도에는 2만 2,940명으

1940년대 말
도쿄조선소학교

1950년대
조선학교 졸업식

1940년대 말에서 1950년대 조선학교 모습[1]

로 급감한 것만 보아도 당시 조선학교의 실정을 알 수 있다.[2]

이 장은 이러한 재일동포의 사회적 배경에 따른 조선학교의 성장 과정에서 학교문화로서 '교가'의 출현 과정과 한국학교와 조선학교에서 창작된 교가의 내용분석을 통해 그 특징을 고찰하는 데 목적을 두었다. 그동안 재일동포 민족학교[3] 연구에서는 주로 민족교육의 역사,

---

1   1940년대 말 도쿄조선소학교. 출처: http://www.mongdang.org/kr/bbs/content.php?co_id=fact01; 1950년대 조선학교 졸업식. 출처: 外村大(2004). 上揭書.

2   外村大(2004).『在日朝鮮人社会の歴史学的考察―形成・構造・変容』. 東京: 綠蔭書房, p. 463.

3   이 연구에서 민족학교 개념은 소수민족이나 외국인 이민자 입장에서 제기된 용어로, 재일코리안 아동 혹은 한반도에 민족적 뿌리를 가진 아동 학생들을 대상으로 같은 민족적 루트를 가진 사람들에 의해 행해진 교육을 일컫는다. 특히 이 연구에서는 한국학교와 조선학교를 총칭하는 포괄적인 용어로 사용하고 있으며 민단계는 한국학교, 총련계는 조선학교로 각각 상세

민족 운동사, 학교 제도적인 측면의 비교 연구 등이 중점적으로 이루어져왔다. 민족학교와 관련된 기존 연구가 글로벌 시대 민족학교의 기초자료 수집과 한국 정부의 정책적 차원에서 총론적으로 접근한 측면이 있었기 때문에 각론적인 차원에서 민족교육 내용을 다룬 연구는 매우 드물었다. 그 이유는 총련이 지원하는 조선학교에 대한 정치적·사회적 이유로 조선학교의 교육 현장을 직접적으로 접근하기 어려운 측면이 있었고, 자료수집 또한 입수하기 어려운 측면이 존재한다. 그런데도 최근 일본 내 조선학교 출신 연구자들에 의한 조선학교 관련하여 참신한 연구들이 드물게나마 발표되고 있는 상황에서 이와 관련된 연구자들에게는 상당히 고무적인 일이었다.

그러면 일본에서 생활하고 있는 재일동포에게 민족학교의 교가는 어떤 내용과 의미를 지니고 있을까? 현재 일본에 있는 민족학교는 대략 한국학교 4개교, 조선학교 98개교가 존재하고 있다. 특히 조선학교의 학생 수 급감에 따라 학교 수도 급격히 감소하는 추세이다. 이 장에서는 기존 연구에서 제시하고 있는 이러한 민족학교의 성장과 소멸이라는 관점을 염두에 두고, 더 나아가 민족교육의 질적인 측면에서 교가가 민족학교 학생들에게 재일동포로서의 정체성, 재일동포 2세에게 마음의 고향을 대체하는 민족학교를 창출하는 데 있어 어떤 모종의 역할을 담당했을 것으로 간주하고 이를 검토하는 데 중점을 두었다. 조선학교에서 교가가 창작되어 학교와 가정에서 학생들에 의해 불리고 계승되는 일련의 과정은 일본에서 지역 동포사회의 거점으로서 조선학교가 존재했으며, 조선학교 학생들이 경험하는 공동 체험과 공동체적 감정이 조선학교 출신이라는 일체감을 통해 재일동포의 일상생

───────────

하게 분류하여 사용했다.

활에서도 공유될 수 있었기 때문으로 가정할 수 있다. 결국 조선학교 교가는 교육 현장의 교원과 그것을 실천하는 학생들, 그리고 지역 동포 간의 일체감에 의해 확대·발전해온 것으로 추측된다. 그동안 조선학교의 교가는 민족의식 고취라는 목표와 학교에서 배양된 학생들의 공동체적 감정을 기반으로 재일동포의 민족정체성을 정립시키는 기능과 역할을 담당해온 것으로 보인다.

이 장에서는 민족학교에서 교가가 탄생하게 된 일련의 역사적 배경과 과정에 주목하고, 특히 1980년대 이후 민족학교에서 한국학교와 조선학교 성장의 차이, 민족학교 교가의 내용분석, 마지막으로 결론에서 이들 교가 창작이 민족교육과 재일동포 사회에 미친 영향에 대해 검토했다.

2. 조선학교 교가와 학교문화

　　1945년 해방 이후 재일동포 민족교육에 관한 기존 연구는 큰 틀에
서 역사적 배경이나 형성 과정, 일본 정부의 정책적 접근, 한신교육투
쟁이나 지역 운동사적 측면에서 다룬 연구들이 주를 이루고 있다. 먼
저 민족교육에 대해 역사적인 출현 배경과 형성 과정에 대해 직접적
으로 언급하고 있는 연구로는 이동준(李東準, 1956), 오자와 유사쿠(小沢有作,
1973), 김덕룡(金德龍, 2002), 박삼석(朴三石, 2012), 김인덕(金仁德, 2012)의 연구 등
을 들 수 있다. 다음으로 일본 정부의 정책적 측면에서 민족교육을 다
루고 있는 연구로는 일본 법무성(1955), 박상득(朴尚得, 1980), 민족교육연
구회 편(1991), 임영언(2014) 등의 연구가 있고, 한편 재일조선인의 운동
사적 측면에서는 박경식(朴慶植, 1989)의 연구 등이 있다.[4]

　　이와 같이 일본에서 민족교육 관련 연구 흐름은 크게 해방 전후 동
화와 민족차별, 탄압에 저항하는 대항적 민족교육론(金慶海, 1979; 金英達,
1989)과 글로벌화 이후 등장하게 된 해외 교육사례나 소수민족 교육사
례를 소개하는 다문화 공생의 민족교육론(広田, 1996; 岸田, 2011)을 강조하
는 연구들이 등장하기도 했다.[5] 이러한 가운데 김태은(金兌恩, 2012)은 민
족학교에서의 대항적 민족교육론과 다문화 공생 민족교육론의 이론

---

[4]　　外村大(2004). 前掲書論, p. 412.

[5]　　金英達(1989). 『GHQ文書研究ガイド: 在日朝鮮人教育問題』. 神戸: むくげの会(無窮花会).

적 한계를 극복하기 위한 연구 방법으로 역사성에 근거한 다문화 교육론을 주장하면서 역사적 실증을 강조하는 연구를 탄생시켰다.[6]

이러한 민족학교의 역사성에 근거한 생활문화적인 관점에서 접근하고 있는 최근의 실증연구로는 송기찬(宋基燦, 2012)의 조선학교에 대한 제도적 관점에서 다룬 연구와 김리화(金理花, 2015)의 조선학교의 음악교육에 관한 연구 등이다. 이들 연구는 조선학교(총련, 즉 북한의 지원으로 건립된 학교를 지칭함)의 생활문화와 학교문화 중의 하나인 교가를 살펴봄으로써 재일동포 사회에 미친 영향에 대해 분석하고 있다.

전술한 기존 연구 중 본 연구와 직접적으로 관련 있는 연구로는 김리화(金理花, 2015)의 조선학교 교가 창작과 등장에 관한 역사적 연구이다. 이 연구에서는 조선학교의 교가 등장 배경에 대해 크게 세 시기로 구분하여 설명하고 있다.

구체적으로 제1시기는 1945년 해방 이후 1950년대 전반까지 창작된 교가로, 가와사키(川崎) 조선 초급학교를 소개하고 있다. 그러나 당시 조선학교 교가와 현재 조선학교 교가의 관계나 차이에 대해서는 불분명한 점이 존재한다는 사실을 지적하고자 한다.

제2시기는 1955년 조선 총련 결성 이후 일본 각지에서 조선학교가 설립된 시기로, 학교 준공을 계기로 만들어진 교가이다. 이때는 당시 총련 중앙의장 한덕수가 교가 작사에 관여한 시기인데, 그가 조선학교 교가 창작에 얼마나 관련되어 있는지에 대한 정확한 교가 수나 내용은 알려지지 않고 있다.

제3시기는 1980년대 이후로, 당시까지 교가가 존재하지 않았거나 혹은 망각 속의 조선학교를 중심으로 교가가 만들어지기 시작한 시기

---

6   金兌恩(2012). 『公教育における在日韓国・朝鮮人の民族教育と多文化共生教育の相互作用: 京都・大阪・川崎の事例から』. 京都大学文学研究課社会学博士論文, pp. 20-23.

이다. 이때는 학교 현장 일선에서 조선학교 교원들이 주도하여 교가 창작이 이루어진 시기로, 초기에는 총련 의장 한덕수의 관여가 추측되고 있으나 점차 학생들의 요청에 따라 교원과의 상호 소통으로 만들어진 시기로 보인다. 하지만 김리화의 연구(金理花, 2015)는 조선학교의 내부자 관점에서 연구를 시도한 것으로 보이며, 외부자 시점에서 조선학교 교가에 관한 객관적인 연구는 여전히 시도되지 못하고 있다.

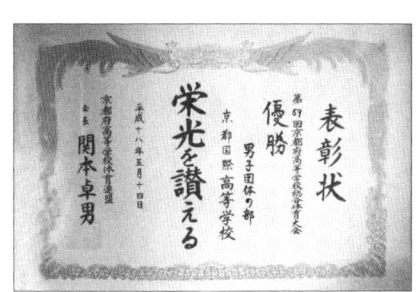

교토국제고등학교 표창장

도쿄조선중·고급학교 창립
50주년 기념집

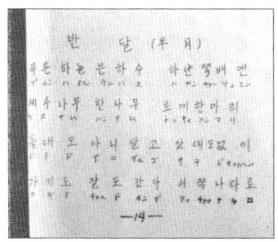

조선어로 지은 노래(반달)와
가타카나 병기(併記)

조선학교 교과서 물리(1955년), 국어·자연(1960년)

조선학교의 생산 기록물

이와 같이 재일동포 민족학교에서 교가 창작의 역사는 생활문화적인 관점에서 재일동포 사회, 특히 조선학교 역사에서 빼놓을 수 없는

중요한 역사적 상황과 사회적 역동성을 그대로 담고 있다고 해도 과
언이 아니다.

다음 절에서는 민족교육의 분화에 따른 조선학교 태동 과정과 조
선학교 최초의 교가라고 할 수 있는 가와사키(川崎)조선초급학교 교가,
조선학교와 한국학교 교가 순으로 상세히 살펴보고자 한다.

3. 조선학교 성장 과정과 변화추이 분석

1) 조선학교 성장 과정

조선학교의 성장 과정은 민족학교의 태동 과정으로부터 이루어졌다. 재일동포 민족교육은 해방 이전부터 존재해왔으며 일본의 동화교육에 대한 반발로 해방과 더불어 민족학교 창설, 1948년 민족교육의 탄압과 교육 형태의 분산화, 조국 분단과 동포사회 분열, 민족학교 수 절대부족, 일본의 공립학교 대량입학 추진, 동화교육과 민족차별 교육, 일본 사회에서의 정착화 방향으로 변화해왔다.

다음 〈표 8〉은 해방 직후 민족학교 수를 나타낸 것이다. 해방 전후 자연발생적으로 생겨난 조선어강습소가 1948년 4월에는 자주적인 민족학교로 발전해갔다. 그러나 이러한 시점에 일본에서는 1948년 1월 일본 문부성 학교 교육국장의 통달로 제1차 민족학교 폐쇄령이 내려졌다. 같은 해 4월에는 한신교육투쟁이 일어나면서 이 사건의 와중에 김태일 학생이 일본 경찰에 의해 사살되는 사건이 발생했다.[7] 이에 따라 1949년에는 조련이 해산당하고 제2차 민족학교 폐쇄령이 내

---

7   1948년 당시 문부성 통달로 일본 도도부현이 조선인학교의 폐쇄를 감행하여 재일조선인과 대립하게 되었다. 1948년 4월 24일 오사카부와 효고현(한신 지역)을 중심으로 민족교육 투쟁이 발생하여 많은 조선인이 체포되거나 감금되었으며 일본 정부는 비상사태를 선포했다.

려졌다.[8] 이에 따라 오사카의 백두학원(전국 소·중·고등학교)이 사립학교로 허가되었고, 나머지 민족학교는 비합법적인 각종학교로 전환되었다.[9]

이후 재일동포 민족학교의 교육 형태는 일본 정부와 GHQ(미군정)의 교육정책에 의해 다음과 같은 네 가지 유형으로 전환되었다. 1952년 4월 통계에 따르면 먼저 자주학교로서의 민족학교가 44개교, 공립학교로 이관되어 조선인학교로서 존속하게 된 공립독립학교(도립조선인학교, 1954년 9월 폐교)가 15개교, 공립분교(나중에 자주학교로 옮겨지면서 폐교되었음)가 19개교, 일본학교 가운데 민족학급으로 존재한 학교가 77개교였다.

〈표 8〉 1948년 해방 직후 민족학교 수(1948년 4월)[10]

민단계 학교			총련계 학교			
학교별	학교 수	학생 수	학교별	학교 수	교사 수	학생 수
소학교	52	6,297	소학교	541	1,196	56,210
중학교	2	242	중학교	9	25	2,330
훈련소	2	289	청년학교	36	140	1,796
합계	56	6,828	합계	586	1,361	60,336

---

8 1945년 해방 이후 9월 10일에 결성된 재일조선인연맹(조련)은 GHQ에 의해 폭력단체로서 해산당한 후 1955년 총련(조선 총련)이 결성되었다.

9 각종학교는 일본인 대상 이미용학교, 요리학교, 간호학교 등이었으나 나중에 외국인대상으로 민족 학교가 각종학교로 전환되었고 일본인 대상의 각종학교는 전수학교로 격상되어 각종학교를 폐지하는 대신 외국인학교에 적용하여 고립화와 외국인학교법안의 성립을 도모했다.

10 小沢有作(1988).『在日朝鮮人教育論―歴史編』. 東京: 亜紀書房, p. 200; 森田芳夫(1955).『在日朝鮮人処遇の推移と現状』. 法務省法務研修所; 在日韓国青年同盟中央本部編(1970),『在日韓国人の歴史と現実』. 東京: 洋々社; 李瑜煥(1960).『在日韓国人の五〇年史―発生因に於ける歴史的背景と解放後に於ける動向』. 東京: 新樹物産出版部.

〈표 9〉 일본인 학교 분산 입학 학교와 학생 수(1957년 통계)[11]

학교 교육 형태	학교 수	학생 수
공립분교소학교	18	3,214
공립분교중학교	7	860
공립학교 민족학교 소학부	79	4,156
공립학교 민족학교 중학부	3	244
합계	107	8,581

민족학급의 발생 배경은 1948년 제1차 민족학교 탄압, 1949년 제2차 민족학교 탄압 후 공립 일본인 학교에 분산되어 들어간 재일한국조선인 학생들이 조선인으로서의 교육을 부분적으로 부가한다는 일본교육위원회의 주장에 대해 재일한국조선인 측의 타협으로 성립한 민족교육 형태였다. 1952년경 77개 학교에서 1957년에는 107개 학교로 증가했다. 일본인 학교에 분산 입학(취학 의무제: 1952년 이후 특혜 취학)한 경우는 위의 〈표 9〉와 같이 107개교 8,581명이었다.

민족학급의 수업 형태는 다음과 같은 두 가지 형식으로 진행되었다. 하나는 공립조선인학교의 학급으로, 시가현(滋賀県)을 비롯한 전국 18개 학급이 전담 교실에서 오전부터 재일동포 교사에 의해 민족교육이 시행된 형태이다. 또 다른 형태는 과외수업 방식의 민족학급[이바라키(茨城)현 11학급, 교토(京都)부 8학급, 가나가와(神奈川)현 · 사이타마(埼玉)현 · 치바(千葉)현 · 아이치(愛知)현 · 기후(岐阜)현 · 오사카(大阪)부 30학급, 효고(兵庫)현 · 후쿠오카(福岡)현 · 야마가타(山形)현 등]으로, 일본인 학교에 부설되어 일본학생과 혼합 학급으로 정규생의 일본인과 같은 수업을 받은 다음 방과 후 1~2시간 추가하여 민족교육

---

11 李殷直(1977). 『在日韓国 · 朝鮮人の民族教育の歴史と実態』. 連続セミナ一第6回総括資料 編. 1977年4月17日発行, p. 10.

을 받은 과외수업 형태였다.

1957년 시점에 재일동포 민족학교는 총련계 조선초급학교(27개 도도부현) 90개교, 중급학교(27개 도도부현) 56개교, 조선고급학교(도호쿠, 이바라키, 도쿄, 가나가와, 아이치, 교토, 오사카, 고베, 히로시마, 야마구치, 규슈 등) 11개교, 조선대학교(도쿄 고다이라) 1개교 등 총 158개교였다. 한국계 민족학교는 도쿄 한국학교(소·중·고등부), 오사카 한국학교(1950년, 금강 소·중·고등부), 그리고 중립계로 오사카 백두학원(1949년, 소·중·고등학교)으로 총 11개교였다.

다음 〈표 10〉은 1945년 이후 민족학교에 재학한 민단과 총련의 소·중·고등학교 학생 수의 변화 추이를 나타내고 있다. 1945년부터 1972년까지 민단계는 소·중·고등학교의 경우 거의 변함이 없으나 총련계의 소학교는 1970년대까지 증가하다가 1972년에는 급감했다. 그러나 중학교는 1970년까지 거의 변화가 없다가 1972년에 급증한 것으로 나타났으며, 고등학교는 1970년에 감소하다가 1972년에 급증한 것으로 나타났다. 총련 학교의 학생 수가 1970년 이후에 급격한 변화를 보인 것은 1968년부터 총련계 조선고등학교 학생에 대한 일본 우익들의 집단 폭행이 발생하여 학생 수의 증감에 어느 정도 영향을 미쳤기 때문으로 풀이된다.[12]

---

12 일본 우익들의 조선고등학교 학생(조고생)에 대한 폭행 사건은 1962년 호세고등학교 문화제에서 신영철 군이 사망하면서 이를 계기로 조고생에 대한 우익들의 폭행 사건이 촉발되었고, 1969년과 1970년에 최고조에 달했다.

<표 10> 민족학교에 재적한 재일동포 학생 수 추이(1945~1972년)[13]

연도		1945년	1958년	1967년	1968년	1970년	1972년
재일동포 전체 수		2,365,263	581,257	583,537	598,076	608,489	624,807
소학교	민단	0	494	576	605	710	621
	총련	0	8,644	15,448	15,841	18,513	11,366
	소계	42,182	9,138	16,024	16,446	19,223	11,987
중학교	민단	0	523	667	696	620	506
	총련	0	3,502	9,906	10,050	10,644	13,223
	소계	1,180	4,025	10,573	10,746	11,264	13,729
고등학교	민단	0	773	1,115	1,016	866	835
	총련	0	2,397	7,608	7,564	5,572	10,170
	소계	0	3,170	8,723	8,580	6,438	11,005
대학(총련)		0	0	964	933	960	950
합계		43,362	16,333	36,284	36,705	37,885	37,671

1970년대 이후 조선학교 학생 수의 동향에 대해 도노무라 마사루 (外村大, 2004)는 정확한 통계적 수치 파악은 어렵지만, 학생 수는 계속해서 감소했던 것으로 분석했다.[14] 조선학교 학생 수는 1967년 3만 4,589명 으로 정점을 찍은 후 1981년에는 2만 2,940명으로, 그 후 1980년 말에 는 2만 명 이하로 감소한 것으로 나타났다. 조선학교 학생 수는 1990 년대에는 1만 7천 명 수준에서 2016년 현재 102개 학교에 1만 명 이 하의 학생이 재학하고 있는 것으로 추정된다.

이상의 내용을 요약하면 해방 이후 1970년대까지 민족학교는 일 본 정부의 교육정책에 따른 민족학급 감소, 민족학급 강사 부족 초래, 학생의 교육과정 제약과 과외 수업방식에 따른 이중 수업 부담 등 일

---

13   李殷直(1977). 前揭論文, pp. 1-11.

14   外村大(2004). 前揭書, p. 463.

본 사회 내에서 민족교육의 동화와 차별이라는 이중고를 겪게 되면서 1970년대 이후 학생 수의 감소로 이어지고 이후 민족학교의 존재 양상에도 많은 영향을 미친 것으로 생각된다.[15]

2) 조선학교 교가의 등장 배경과 역할

민족학교 교가는 1980년대 이전까지만 해도 일부 소 · 중 · 고급학교에만 존재했고, 대부분 조선학교에는 존재하지 않았다. 당시 교가가 존재하지 않았던 조선학교에서는 총련의 지원 정책에 따라 교가 대신 "김일성의 노래나 수령의 만수무강을 축원합니다" 같은 북한의 지도자를 찬양하거나 지지하는 노래가 학교 행사나 식전 행사에서 주로 불렸다.[16] 왜냐하면 1955년 총련 결성 이후 조선학교 지원 정책에 따라 일본 각지에서는 조선학교의 규모가 대대적으로 확대되었기 때문이다.

또한 조선학교의 확대 요인은 북한과 총련의 적극적인 민족교육의 재정적 지원도 중요하게 작용했지만, 그보다 1959년부터 시작된 북송사업으로 이 사업과 관련된 학생들의 수요 증가에 따라 조선학교를 대대적으로 발전시키겠다는 계획을 세웠기 때문이다.[17] 그리고 실제로 당시 조선학교에서는 북송을 준비하기 위한 학생들로 학생 수가 급증하기 시작하여 전국 각지에서 교사 신축공사가 진행되었다. 북송사업

---

15   1970년대 이후 급속한 감소세를 보인 조선학교는 현재 28개 도도부현(휴교 포함)에 68개교 학생 수 6천 명 정도로 추정되고 있다.

16   金理花(2015). 「故郷としての朝鮮学校—朝鮮学校の音楽教育に関する一考察」. 『在日朝鮮人史研究』 45, 在日朝鮮人運動史研究会, p. 153.

17   북송사업은 조일 양국의 적십자사가 1959년 12월부터 1984년까지 진행한 사업으로 이때 북한으로 귀환한 재일조선인이 9만 3천 명에 달했다.

기간인 1958년부터 1968년 사이의 약 11년간 매월 평균 1.3개교의 교사 신·증축공사가 이루어진 것으로 보인다.[18] 이러한 와중에 조선학교의 역할은 귀국을 위한 임시교육 장소로 여겼기 때문에 특별히 교가의 필요성이 제기되지 않았다고 볼 수 있다.

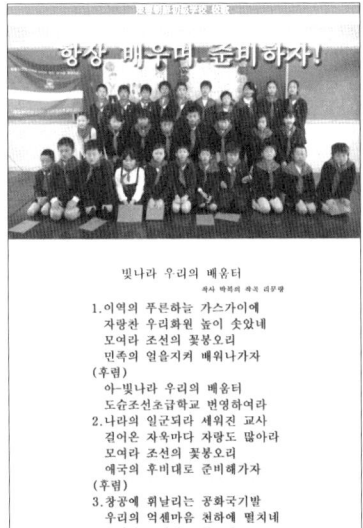

↑ 조선학교 교과서

← 도슌조선초급학교 교가

→ 가와사키조선초급학교 창립 60주년 기념지

조선학교 교과서, 교가, 교지

---

18   『朝鮮総連』 95, 1960年 2月 8日.

   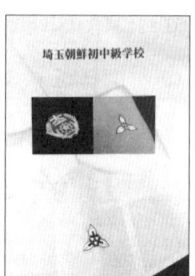

아이치조선중·고급학교   도슌조선초급학교   사이타마조선초·   사이타마조선초·
                                                   중급학교·유치부   중급학교

아이치현 나고야와 사이타마현 조선학교 교지

　　그러나 글로벌화가 본격적으로 시작된 1980년대에 들어서면서 갑자기 조선학교에서 교가들이 대거 등장하게 되었다. 가장 큰 배경 요인으로는 재일동포의 정주화 및 학생 수 감소와 더불어 총련의 민족교육 정책과 현장에 있던 일선 교원과 학생들의 적극적인 요청에 따라 만들어진 것으로 추정되고 있다.[19]

　　이러한 조선학교 교사와 학생들의 교가 창작의 필요성은 1980년대 당시 북한이 전적으로 지지하고 지원해온 총련의 조선학교 실태를 그대로 반영한 것으로, 다음과 같은 두 가지로 설명이 가능하다. 첫째, 1980년대 당시 조선학교에서는 자신들이 이제는 북한으로 되돌아갈 수 없다는 기정사실화된 인지와 정주화의 경향이 뚜렷하게 나타났다. 둘째, 이에 따라 글로벌화와 학생 수의 감소에 대처하는 방식으로 조선학교의 교육 내용을 일본어 습득 등 정주화 경향에 있는 학생들의 미래 일본 생활에 실질적이고 실용적인 커리큘럼을 편성하고 학생 수를 증가시키는 정책 전환이 필요했다. 이 시기 조선학교는 이전과는

19　예를 들면, 효고현 니시와키조선학교(兵庫県西脇朝鮮学校, 현재 폐교)에서와 같이 재일본조선인 교육 일꾼 문화예술작품 현장 모집에서 입선된 노래가 교가가 된 사례도 있었다.

다른 시대적 상황에 적합한 민족교육 내용의 대전환이라는 커다란 난제에 직면하고 있었다.[20] 이러한 시대적 상황에 직면하여 조선학교 교가 창작이 대대적으로 이루어진 것으로 보인다.

전술(前述)한 바와 같이 조선학교에서 교가의 역할은 1948년 한신교육투쟁의 탄압과 투쟁 정신, 그리고 김일성 주체사상의 고취, 1980년대 이전에는 조선학교의 목적과 필요성이 주된 내용이었던 것으로 생각된다. 그러나 1980년대 이후에는 일본 정주화의 경향과 민족정체성 위기에 직면하여 조선학교 졸업생과 재학생, 학부모의 일체감과 민족의식을 고취할 수 있는 시대적 필요성에 의해 등장한 것으로 생각된다. 이에 대해서는 다음 절에서 자세히 살펴보고자 한다.[21]

---

20 金德龍(2004). 『朝鮮学校の戦後史: 1945~72(増補改訂版)』. 東京: 社会評論社. p. 178.

21 1980년대 교가 이외에도 민족의식 고취를 목적으로 동포사회에서 노래가 많이 등장했는데, 가령 「출발의 아침에」, 「길동무」, 「락엽」 등과 같이 재일코리안의 실생활과 직접 관련된 내용을 노래로 만들어 각종 모임이나 행사 때 부르기도 했다고 한다.

4. 민족학교로서 한국학교와 조선학교 문화의 차이

1) 가와사키(川崎) 사쿠라모토소학교의 교가

1945년 해방과 더불어 조선어강습소에서 자주학교로 발전해가던 시기인 1946년 11월 사쿠라모토(桜本)초급학교는 애초 일본 공립소학교 분교로 이전하기 전까지는 자주학교인 가와사키(川崎)조선소학교로서 창립되었으며 학생 수 453명, 교직원 9명으로 출발했다.[22] 그리고 1948년 4월 24일 '한신교육투쟁'으로 인해 조선학교에 대한 탄압으로

 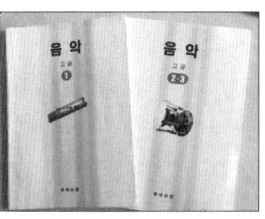 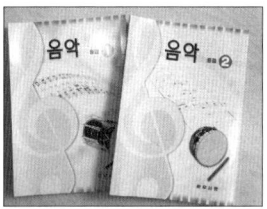

조선학교 음악 교과서 '초급'　　조선학교 음악 교과서 '중급'　　조선학교 음악 교과서 '고급'

조선학교 음악 교과서

22　1945년 해방 이후 조선학교는 각지에 탄생한 국어(조선어)강습소에서 시작되었다. 국어강습

학교가 폐쇄되자 일부는 일본의 공립학교 분교로 편입되어가는 과정에서 가와사키조선소학교의 교가가 탄생했다.

가와사키조선소학교의 교가는 가와사키시 교육위원회가 1958년 발행한 『학교 연혁』을 살펴보면 '사쿠라모토(桜本)소학교 분교' 교가로서 소개되어 악보 없이 다음과 같은 일본어 가사가 실려있다.

> "輝くわれらの文化を学ぶ. 川崎われらの朝鮮の学校. みんなで立派な少年になるよう. 共に行こう学校に行こう. まなぼう真理を守ろう規律を. そしてからだをきたえ. 祖国に役だとう."[23]

이 교가의 작사자는 정백운, 작곡자는 당시 조선 총련 요코하마(横浜)소학교 전필원 교사로 알려졌다. 1949년 제2차 조선학교 폐쇄령에도 불구하고 일본 공립분교의 형태로 조선학교가 존재했다는 것을 이 교가는 그대로 보여주고 있다. '한신교육투쟁' 이후에도 일본 공립분교에서 조선어 등 민족학교 교과과정은 과외 취급으로 다양한 제약이 많았고, 이에 따라 자주학교에서의 교사 생활은 매우 어려웠다. 일본 정부와 GHQ(미군정)의 탄압으로 생활이 어려워진 조선학교 교사들과 동포들은 필사적으로 조선학교를 지켜내기 위해 노력했다.

교가는 "빛나는 문화를 배우는 조선학교. 훌륭한 소년이 되기 위해 학교에 가자. 배우자 진리를 지키자 규율을. 몸을 단련시켜 조국에 보탬이 되자"라는 내용을 담고 있다. 전체적으로 교가는 조선학교 학생들이 문화적 정체성을 가진 훌륭한 소년으로 성장하기 위해 어린이들

소는 사설학원이나 자주학교에서 시작되어 점차 학교 교육 시스템으로 체계화되어갔다.

23   『조선신보』, 2016년 5월 30일자 참조.

은 조선학교에 입학해야 하며 진리, 규율, 체력을 단련하여 조국 통일을 위해 앞장서는 사람이 되자는 내용을 담고 있다. 또한 가와사키소학교의 교가는 일본에서 조선학교 저항의 역사를 그대로 담고 있으며, 후세에게 이를 상기시켜주는 노래이자 소중한 기록이다.

2) 사이타마(埼玉) 조선학교 교가

1945년 해방 전후로 오사카 지역과 마찬가지로 도쿄도 주변 오미야(大宮), 가와구치(川口), 가와고에(川越) 등 각지에 조선어강습소가 설치되었다. 이것이 민족교육의 시발점이라 할 수 있는데, 이후 사이타마 조선 초·중급학교는 1948년 사이타마 조선소학교 설립 등 민족교육이 급속도로 확대되었다. 1961년에 이르러 조선 초급학교 개교, 1965년 중급부 병설로 사이타마 조선 초·중급학교로 개칭되었으며, 1967년 신교사 준공과 1970년 제2 교사와 체육관 건립 등을 걸쳐 오늘에 이르고 있다. 전술한 바와 같이 1980년대 이후 조선학교 교가의 작사와 작곡은 당시 일선 학교 현장에 있었던 교사들의 몫이었다. 그러나 이들 가운데는 음악 전문가로서 교가 창작에 적극적으로 대응할 수 없는 교원도 있었기 때문에 다른 조선학교 교사들과 협력하거나 북한의 예술대학 전문가에게 위탁하는 사례도 있었던 것으로 전해지고 있다.[24] 이러한 이유로 당시 만들어진 교가의 가사 대부분은 조선학교 교사들이 먼저 작사한 후 이를 북한 예술가의 협조를 얻는 방식을 취했다. 이 때문에 처음에는 북한의 지도자를 뜻하는 '수령'이나 '지도자'

24　金理花(2015). 전게 논문, pp. 140-141.

등과 같은 용어들이 등장하게 되었고, 나중에 이들 단어는 조선학교 교사들이 일본에서 거주하고 있는 상황을 참작하여 자발적으로 '태양'이나 '별' 등으로 대체되는 과정을 거치기도 했다.

다음은 사이타마 조선 소·중급학교의 교가이다.

(1절)   이국 산천 오미야에 붉게 핀 진달래
　　　 교문 안에 들어서니 애국 향기 풍겨주네
　　　 아 그 향기를 이 가슴에 받아 안고
　　　 내 나라말과 글을 여기서 배워가네

(2절)   동포들의 애국 지성에 꽃피는 배움터
　　　 희망의 꽃 피워주는 종소리도 드높아라
　　　 아 찬란한 해와 별빛 비춰 주는 곳
　　　 앞날의 주인으로 몸과 마음 다져가네

(3절)   글 한 줄을 익혀나가도 민족의 그 정신
　　　 공을 차도 춤을 추어도 그 슬기를 떨쳐가네
　　　 아 충성의 붉은 마음 꽃피워가며
　　　 조국의 아들딸로 씩씩하게 자라나네

(후렴) 아 사이타마 우리 조선 초·중급학교
　　　 떨치자 민족의 넋 지켜가자 우리 학교

이 학교 교가의 가사는 김일성이나 김정일을 직접적으로 지칭하는 '수령'이나 '지도자'라는 단어는 거의 보이지 않고 있다. 그 이유는 전술한 바와 같이 다른 용어들로 대체되었기 때문인데, 구체적으로 가사의 제2절에 보면 이들 용어 대신에 '해'와 '별' 등이 등장하고 있다. 또한 조선학교 교가의 가사는 이러한 용어들을 활용하여 조선학교에서

교가 악보   교가 핵심어 클라우드²⁵

사이타마 조선 초·중급학교 교가²⁶

의 민족의식 고취와 정체성 형성에 중요한 역할을 담당한 것으로 생
각된다. 이들 용어는 구체적으로 제1절에는 '이국 산천', '진달래', '애
국 향기', '나라', '말과 글', 제2절에는 '동포', '애국 지성', 제3절에는
'글', '민족', '충성', '조국', 후렴에는 '우리', '민족의 넋' 등이다. 전체적
으로 교가의 가사 내용에서 사용되고 있는 용어들은 조국에 대한 향
수, 민족, 우리로 수렴되고 있으며 동포들이 말과 글을 통해 민족을 지
켜내고 조선학교를 지켜나가자는 의미를 포함하고 있는 것으로 해석
된다.

---

25 핵심 단어 시각화. 워드 클라우드(word cloud) 또는 태그 클라우드. 문서의 문구와 단어를 분
석하여 중요도나 사용 빈도를 직관적으로 파악할 수 있도록 시각화하는 표현 기법. 출처: 정
보통신용어사전. http://word.tta.or.kr/dictionary/dictionaryView.do?word_seq=176269;
워드 클라우드 생성기를 이용함. https://wordcloud.kr/

26 사이타마 조선 초·중급학교 교가. 출처: http://urihakkyo46.web.fc2.com/kouka.html(검
색일: 2016.10.12)

예를 들면, '이국 산천'과 '진달래'는 조선학교를 상징하는 것으로 북한의 지원으로 조선학교에서 우리 민족의 말과 글을 배울 수 있다는 것을 의미하고, 조선학교의 주인과 역사성을 대체하고 있다고 볼 수 있다. 또한 동포들의 '애국 지성'이 의미하는 것은 일본 거주 동포들이 민족교육을 절대적으로 지지하고 이를 북한이 지원하는 형태를 표현하고 있는 것으로 보인다.

여기에다 1980년대에는 일본 사회가 글로벌 시대로 전환되는 과정과도 맞물려 다문화 공생 차원에서 조선학교에서 개최되었던 각종 학교행사에 대해 지역사회와 동포사회에서 관심을 두기 시작했다. 당시 다문화 공생 시대 일본의 재일외국인 학교 대부분을 차지하고 있던 재일동포 민족학교 가운데 조선학교는 외국인 문화교류의 중심에 서 있었으며, 동시에 재일동포 공동체의 중심적인 역할을 하던 시기이기도 하다. 즉, 조선학교 교가는 재일동포의 일본 정주와 지역사회와의 연대를 도모하던 시기에 등장하여 재일동포-학생-지역사회 간의 교류와 연대감을 강화해주기도 했다. 또한 조선학교 졸업생들에게는 같은 학교 출신이라는 일체감을 강화해주었다. 이러한 시대적 배경과 맞물려 교가는 조선학교를 통한 동포사회의 공동체 유지와 재구축, 재일동포 사회의 지역 거점 역할을 담당할 수 있었으며, 동포들이 주체가 되어 계속해서 지켜나가야 할 운명공동체적 장소로 변모해갈 수 있었다.

3) 도쿄(東京) 한국학교 교가

도쿄 한국학교는 1953년 11월 재일동포 민단 대회에서 도쿄 한국학교 설립에 관해 결의한 후 1954년 1월 학교설립기성회를 조직했다. 기성회 회장에는 김용식 당시 주일공사, 부회장은 김재화 민단 단장, 임원에는 중앙본부 간부 등을 대거 영입했다. 그리고 같은 해 4월 개교식을 거행했다. 1954년 개교 당시에는 초등부 17명, 중등부 9명 등 총 26명, 교사 10명으로 시작되어 총련계 조선학교와는 비교할 수 없을 정도로 적은 숫자에 불과했다. 그러나 2016년 현재 도쿄 한국학교는 교직원 55명, 초등부 716명, 중등부 631명 등 거대학교로 성장하여 학생들이 급증하면서 제2 도쿄 한국학교 건설을 계획했으나 도쿄도의 비협조로 지금까지 불투명한 상황에 놓여 있다.[27]

한국학교의 교가는 재일동포 시인 김소운이 작사하고 작곡가 우종갑이 작곡한 것으로 알려졌다. 가사의 내용을 살펴보면 전체적으로 일본에서 민족교육의 중요성, 한국인의 얼을 심고 뿌리를 내리는 민족교육을 이념으로 하는 재일동포 마음의 안식처, 민족의 도장, 희망, 등대 역할 등을 중요시하고 있다. 구체적인 가사 내용을 보면 제1절에 '현해탄', '희망', '무궁화', '새 일꾼', 제2절에 '우리', '기상', '조국', 후렴에 '겨레', '한국' 등이고 교가 내용은 "무궁화 아름다운 강산"에서와 같이 한국의 국화인 무궁화를 은유하여 한국인의 줄기차고 억센 기상을 상징하고 "이른 봄의 새 보리"는 자강불식의 기상으로 한민족을 표상하는 방식을 취하고 있다. 전체적으로 교가는 이국땅인 일본 도쿄에서 한국인의 기상을 떨치고 한국 역사와 문화의 배움에 힘써 정진하여 조국을 빛내는 일꾼이 되자는 의미를 담고 있다.

---

27 도쿄 한국학교 현황. 출처: http://www.tokos.ed.jp/icons/app/cms/?html=/home/s1_3. html&shell= /index.shell:398(검색일: 2016.10.12)

(1절)   현해탄 푸른 물결 건너서 울려온다 희망의 종소리
        무궁화 아름다운 강산이 내일의 새 일꾼을 부른다

(2절)   찬 서리 매운바람 이겨서 싹트는 이른 봄의 새 보리
        씩씩한 우리 기상 우리 뜻 갈고 닦아 조국에 바치리

(후렴) 배우자 겨레의 역사 누리에 빛내자 그 문화 한국 학원
        우리 보금자리 손 마주 잡고 나가자

교가 악보

교가 중심어 클라우드

도쿄 한국 초·중·고등학교 교가[28]

---

28   도쿄 한국학교 교가. 출처: http://www.tokos.ed.jp/icons/app/cms/?html=/home/s1_2.
     html&shel= /index.shell:399(검색일: 2016.10.12)

5. 한국학교와 조선학교의 문화

　이 연구의 목적은 민족학교에서 교가가 탄생하게 된 역사적 배경에 주목하고. 특히 1980년대 이후 민족학교에서 한국학교와 조선학교의 성장과 발전의 차이, 민족학교 교가의 내용분석, 그리고 이들 교가의 창작이 민족교육에 미친 영향 등에 대해 고찰하는 데 있다. 민족교육에 관한 기존 연구는 큰 틀에서 역사적 배경이나 형성 과정, 일본 정부의 체류 외국인 교육의 정책적 접근, 그리고 한신교육투쟁 같은 지역 운동사적 측면에서 다룬 연구들이 주를 이루고 있다. 이에 본 연구는 재일동포의 문화유산인 조선학교에 대한 생활문화사적 측면에서 학교문화 중의 하나인 교가를 살펴보고, 교가 창작이 재일동포 사회에 미친 영향에 대해 분석했다. 이 연구의 분석 결과는 다음과 같다.

　첫째, 해방 전후 민족학교의 성장 과정은 해방 전 일제강점기 일본의 동화교육에 대한 반발로 이루어졌다. 해방과 더불어 재일동포 사회는 민족학교 설립, 1948년 일본 정부와 GHQ(미군정)에 의한 민족교육 탄압과 교육제도의 분산화, 조국 분단과 동포사회 분열, 민족학교의 절대부족, 일본 공립학교 대량입학 촉진, 동화교육과 민족차별 교육, 일본 사회의 정착화 등이 1970년대 이후 민족학교의 존재 양상에 많은 영향을 미친 것으로 나타났다.

　둘째, 조선학교에서 교가의 등장은 1980년대를 기준으로 1980년대 이전에는 조선학교의 목적과 필요성에 따라 1948년 한신교육투쟁

도쿄 한국학교 교지 『연륜』

조선학교 교가 CD

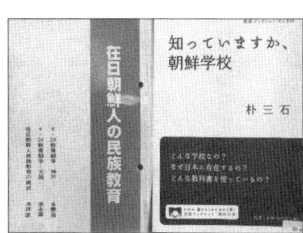
재일 조선인의 민족교육

한국학교 교지와 조선학교 교가 CD, 민족교육

의 탄압에 대한 투쟁 정신 고취, 그리고 김일성 주체사상의 고취가 주된 내용이었다. 그러나 1980년대 이후 글로벌 시대에는 일본 정주화의 경향이 뚜렷해지면서 학생 수 감소, 민족정체성의 위기에 직면하여 조선학교 졸업생과 재학생, 학부모의 일체감과 민족의식 고취의 필요성에 의해 창작된 것으로 나타났다.

셋째, 해방 전후 출현한 가와사키 사쿠라모토(桜本)소학교의 교가는 민족학교 최초의 교가라 할 수 있으며, 1948년 '한신교육투쟁'을 겪으면서 일본에서 조선학교 저항의 역사를 그대로 담고 있다. 또한 이 교가는 후세에게 이를 상기시켜주는 노래이자 기록의 역할을 담당한 것으로 나타났다.

넷째, 1980년대 이후 조선학교 교가는 일본 사회가 글로벌 시대로 전환되는 시기와도 맞물려 조선학교에서 개최되었던 각종 학교행사에 대해 지역사회와 동포사회에서 관심을 두기 시작하고, 조선학교가 재일동포 공동체의 중심적인 역할을 하던 시기에 교사와 학생들의 요청으로 전국적으로 교가가 만들어진 계기가 되었다.

다섯째, 한국학교의 교가는 시인 김소운과 작곡가 우종갑이 이국

땅인 일본 도쿄에서 한국인의 기상을 떨치고 역사와 문화의 배움에 힘써 정진하여 조국을 빛내는 일꾼이 되라는 내용을 담고 있다. 또한 민족학교의 역사성과 재일동포의 위치, 그리고 정체성을 그대로 담고 있는 것으로 나타났다.

결론적으로 민족학교에서 한국학교와 조선학교 성장의 차이는 조선학교의 경우 북한 정부의 전폭적인 지지로 전국적으로 확대되었다. 특히 조선학교는 1955년 총련 결성 이후 1959년부터 시작된 북송사업으로 인해 더욱 확대되었다. 그 이유는 조선학교가 북송을 준비하기 위한 조선어 교육기관 역할을 담당했기 때문이다. 그러나 1960년대 말 최고 정점을 보이던 조선학교는 재일동포의 정주화와 글로벌화의 영향으로 1980년대 이후 내리막길을 걷게 된다.

민족학교 교가의 내용 차이를 보면, 한국학교의 교가는 한국인의 기상, 재일동포의 역사성과 위치, 정체성 등에 대한 일반적인 내용을 담고 있다. 조선학교의 교가는 처음에는 재일동포의 동화와 민족차별이라는 측면에서 투쟁과 저항의 정신을 담고 있었지만 1980년대 글로벌화 이후 세대교체와 더불어 재일동포 2~3세의 정주화, 학생 수의 감소라는 시대상을 반영하여 고향-학교-조국이라는 일체감과 민족의식 고취, 정체성 형성에 이바지했다.

이 장은 민족학교의 교가에서도 한국학교와 달리 조선학교가 일본에서 얼마나 치열한 차별의 대상이었으며 이에 사회적으로 얼마나 민감하게 대처해왔는지를 여실히 보여주고 있다. 향후 연구에서는 해방 전후 민족학교의 이행기에 나타나게 된 조선어강습소, 자주학교, 훈련소, 청년학교, 공립학교 분교, 민족학급, 민족학교, 조선학교 등에 대해 상세히 고찰할 필요가 있을 것이다.

IV

재일동포
조선학교와
북송운동

1. 조선학교와 북송운동

　이 장에서는 조선학교에서 북송사업의 전파 과정을 고찰하는 데 있다. 구체적으로 재일조선인학교 학생들이 학교, 가정, 동포사회, 일본 사회에서 북송사업을 어떻게 전파했는지를 살펴보고자 한다.[1]

　연구 방법 및 분석자료는 일본 가나가와(神奈川) 조선 중·고급학교에서 1959년 7월 10일, 6·25 기념문집 편집위원회에서 발간한 『불꽃』이라는 6·25 기념호 잡지이다. 잡지의 편집후기를 살펴보면 "이 문집은 귀국 궐기 운동과 미제를 우리 남반부에서 축출시키는 6·25 사업의 하나로 설정되었던 계획의 하나였다. (중략) 진정한 조국을 자각한 표적과 귀국에 대한 뜨거운 심정의 기록쯤은 있다고 보겠다"와 같이 조선인 학생들의 귀국 결의가 충분히 표출되어 있다고 볼 수 있다. 특기할 만한 사안은 이 잡지가 조선인 학생의 귀국 결의에 초점을 맞추고 있지만 전체적인 내용은 1959년 6월 11일 제네바회담에서 북일 양국 적십자 회담 타결로 귀국 실현, 자전거부대의 활약(고베-도쿄 간 600km), 귀국에 대한 이유(개인의 궁핍한 생활문제), 남한 출신자들이 북한으로 귀국하게 되는 과정과 결심, 1959년 반공포로 중남미 이주-인민 등 재일조선의 당시 다양한 일상생활의 단면을 엿볼 수 있는 귀중한 자료이다.

---

[1]　북송사업(운동)과 귀국 운동은 대상에 따라 명칭을 달리하여 사용하는 경우가 있으나 이 글에서는 구별 없이 같은 의미로 사용했다.

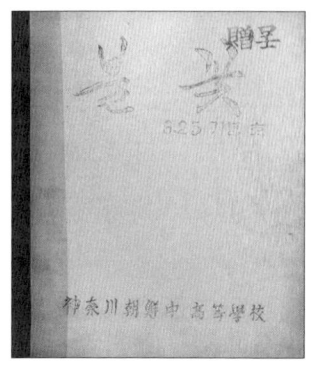
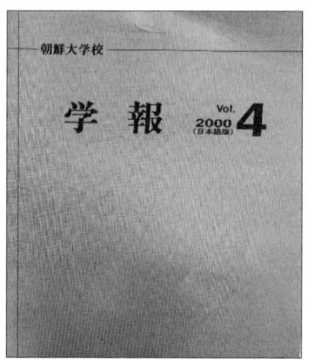

가나가와 조선 중·고급학교 교지『불꽃』　　　　조선대학교 학보

가나가와 조선 중·고급학교에서 발간한『불꽃』잡지와 조선대학교 학보

　　예를 들어, 조선 고보 1학년 서양자의 일기를 살펴보면 1959년 6월
7일 가나가와 회관 제5차 청년대회, 6월 10일 방과 후 귀국집단 학습
회, 6월 11일 귀국 실현으로 자전거부대 환영, 6월 14일 재일본조선청
년동맹 제5차 대회 참가, 6월 15일 가나가와 회관에서 학생귀국 궐기
대회와 조국 영화 감상회 "잊지 말자 파주를", 6월 18일 가족 전체의 화
제가 귀국 문제이며 "오늘은 대수롭지 않은 일로 집에서 말다툼이 났
다. 생활문제였다. 빨리 조국에 돌아가 버리면 이런 것은 문제도 안 될
것을" 등으로 기록되어 있다.

　　이 연구는 다음 〈표 11〉에 제시하고 있는 바와 같이 재일조선인학
교에서 북송운동을 둘러싼 결의와 전파 과정에 대해 학교와 가정, 동
포사회로의 전파에 초점을 두고 있다. 특히 이 글은 더욱 적극적인 의
미에서 북송운동이 재일동포 사회에서 어떻게 전파되었는지를 당시
학생들이 만든 조선학교의 상황을 생생히 알 수 있는『불꽃』이라는 잡
지분석을 통해 시도하고 있다는 점에서 다른 연구와의 차별성을 가지
고 있다.

〈표 11〉 북송사업의 대내외적인 요인

북송사업 대상	일본 내적인 요인	국제정세의 대외적 요인
재일조선인	• 일본 내 경제생활 궁핍 • 일본 내 희망이 없음 • 재일조선인의 북송 희망 • 총련의 역점 사업 • 미제의 앞잡이 이승만 역도, 부모 없는 고아들(1,191명)의 남미 이민정책, 남한 거리의 거지 • 일본에서 개인 생활문제와 차별	• 북일 캘커타 협정(조선민주주의인민공화국 적십자사와 일본 적십자사 간 재일조선인 귀화에 의한 협정) • 한국–북한–일본 당사국 간의 이해관계 • 일본 적십자사와 북한 적십자사 간의 협상 • '조선민주주의인민공화국 적십자사와 일본 적십자사 간의 미귀환자에 관한 잠정조치 합의서'와 '금후 새로운 귀환을 희망하는 자에 대한 귀환 방법에 관한 합의 요록'

2. 조선학교의 정체성과 정치노선

1) 재일본조선인연맹 결성과 '조선인'의 정체성

재일조선인은 1945년 8월 15일 해방과 더불어 20일경에는 가나가와현에서 '간토(関東) 지방 조선인회' 결성을 비롯하여 도쿄, 오사카, 효고 등 일본 각지에서 조선인 조직을 구성하기 시작했다. 9월 10일경에는 간토 지방의 18개 단체에서 선발된 60여 명이 모여 재일본조선인연맹결성준비위원회를 결성하고 본격적인 준비에 들어갔다.[2] 이러한 준비 과정을 거쳐 1945년 10월 15일 재일동포를 총망라한 해외교포 조직이며 그들의 의사와 이익을 대표하는 조직으로 '재일본조선인연맹(조련)'이 결성되었다. 당시 뚜렷한 정치노선이 없었던 조련은 1946년 2월 제2차 임시대회를 통해 김일성을 지지했다. 그리고 김일성은 이에 화답하는 차원에서 조련을 대상으로 1946년 12월 13일 '재일 100만 동포들에게'라는 공개서한을 보냈다. 주요 내용은 "귀국 보장과 인권 옹호, 생활 안정을 위한 사업, 민족교육을 발전시키기 위한 사업" 등이었다. 1948년 4월에는 남북한 56개 정당, 사회단체 대표 695명이 평양에서 연석회의를 개최했는데, 조련은 여기에 대표자들을 참가시켰고 일본 각지에서 대규모적인 집회와 시위를 전개해나갔다.

---

2   재일본조선인총련합회 중앙상임위원회(2005). 『총련—재일본조선인총련합회』. 東京: 조선신보사, pp. 10-11.

1948년 9월 9일 조선민주주의인민공화국이 수립되자 조련과 동포들은 10월 17일 도쿄 간다(神田)에서 재일본조선인 중앙경축대회를 개최했고, 1949년 2월에 진행된 조련 제17차 중앙위원회는 김일성 교시를 강령지침으로 받아들여 북한이 조선 인민의 유일한 조국임을 천명했다. 이에 GHQ와 일본 정부는 1949년 9월 8일 조련과 민청(재일조선민주청년동맹)을 강제 해산시키고 공직에서 추방 및 소유재산과 문건들을 몰수했다. 10월 19일에는 조선학교 폐쇄령을 내렸다.

조련은 1950년 한국전쟁을 계기로 1951년 1월 9일 재일조선통일민주전선(민전)을 결성했다. 당시 이들 중에는 재일조선인을 해외공민으로 인정하기보다 일본의 소수민족으로 간주했으며, 북한을 위해 투쟁하는 것을 편협한 민족주의라고 비난했다. 그리고 1951년 12월 개최된 민전 제2차 대회에서 북한을 지지 옹호하는 항목을 강령 초안에서 삭제했다.

민전의 이러한 북한 배제 움직임 속에서 1952년 말 당시 총련 중앙 한덕수 초대 의장의 보고에 김일성은 "우리 당은 무엇보다 먼저 조선혁명을 달성해야 하며 재일동포는 민주주의적 민족 권리를 지키며 조국의 통일 독립을 실현하기 위하여 투쟁하여야 한다"는 재일조선인운동의 노선 방침을 내놓았다. 김일성이 제시한 노선 방침의 주요 내용은 첫째, 재일동포는 일본 땅에 살고 있지만 일본 혁명을 위하여 싸울 것이 아니라 자기 조국을 위하여 이바지하여야 하며 둘째, 재일조선인운동은 동포들을 자기 조국 주위에 집결시켜 조국과의 긴밀한 연계속에 진행하여야 하며 셋째, 재일동포는 자신이 주인이 되어 자기운동을 추진해야 한다는 것이었다. 이것이 바로 김일성 주체사상과 한덕수 총련 의장의 주체적 해외동포 운동사상에 기초한 재일조선인운동의 노선 전환 방침의 하나였다.

재일조선인운동의 위기 속에 조련의 노선 전환 방침은 북한이 유일한 합법정부이고 재일동포가 북한의 해외공민으로 자각하도록 하는 것이었다. 특히 한덕수 의장은 1952년 4월 28일 「애국 진영의 순화와 강화를 위하여」라는 논문에서 민전의 재일조선인 운동 방침을 비판하고 재일동포는 북한 주위에 집결시켜 북한을 옹호하는 운동으로 전환되어야 한다는 방침을 강조했다. 이를 바탕으로 1955년 3월 11일 개최된 민전 제19차 중앙위원회에서 한덕수 의장은 "재일조선인운동의 전환에 대하여"라는 내용으로 연설했다.

주요 내용은 첫째, 민전 시기 운동은 틀린 방향에서 진행되었다. 둘째, 앞으로 재일조선인운동은 노선 전환 방침에 따라야 하며 이것은 정세 발전에 의한 '전술 전환'이 아니라 '노선 전환'이라는 것이다. 셋째, 김일성의 교시를 지침으로 삼고 여덟 가지 과업을 철저히 수행해야 한다는 것 등이었다.

김일성이 제시한 주체적 방침에 따른 재일조선인운동의 노선 전환 결정에 따라 1955년 5월 24일 민전 제6차 임시대회가 소집되어 민전의 해산이 결정되었다. 그리고 1955년 5월 25~26일 재일본조선인총연합회가 결성되어 조련과 민전의 시대를 거쳐 총련의 출범이 공식화되었다. 이렇게 하여 총련은 북한의 국가적·법적으로 보호받는 해외동포 단체로 출발하게 되었으며, 북한의 국적법과 정부 정강은 북한의 공민에 대해 다음과 같이 규정하고 있다.

"조선민주주의인민공화국 국적법(1963년 10월 9일 채택, 1995년 3월 23일 수정 보완, 1999년 2월 26일 수정)에 따르면 제2조 조선민주주의인민공화국 공민은 다음과 같다. 1. 공화국 창건 이전에 조선의 국적을 소유하였던 조선 사람과 그의 자녀로서 그 국적을 포기하지 않은 자 2. 다른 나라 공민 또는 무국적자로 있다가 합법적 절차로 공화국 국적을 취득한 자. 제3조 조선민주주의인민공화국 공민은 거주지나 체류 지역과 관계없이 공화국의 법적 보호를 받는다.

조선민주주의인민공화국 정부 정강(최고인민회의 제4기 제1차 회의에서 발표, 1967년 12월 16일)에서 아홉째, 조선민주주의인민공화국 정부는 해외에 있는 모든 조선동포의 이익과 민족적 권리를 옹호하기 위하여 적극적으로 투쟁할 것이다.

해외교포를 법적으로 보호하는 조선민주주의인민공화국 사회주의 헌법 (1972년 12월 27일 채택, 1992년 4월 9일 수정 보완, 1998년 9월 5일 수정 보완) 제15조 조선민주주의인민공화국은 해외에 있는 조선동포의 민주주의적 민족 권리와 국제법에서 공인된 합법적 권리와 이익을 옹호한다. 제62조 조선민주주의인민공화국 공민이 되는 조건은 국적에 관한 법률로 규정한다. 공민은 거주지와 관계없이 조선민주주의인민공화국의 보호를 받는다."[3]

이와 같이 1955년 5월 총련은 주체적 노선 전환 방침을 구현한 일반 활동 방침과 창립선언, 강령과 규약[4]을 채택하고 주체형의 해외교포 조직인 총련의 결성을 선언하면서 일본 내 재일조선인의 운동과 생활에 근본적인 전환을 초래하게 되었다. 이러한 근본적인 재일조선인 운동의 배경에는 조련-민전-총련 시기를 거쳐 북한 공민(조선사람)으로 회귀를 의미했으며, 북한의 발전에 이바지하고 북한과의 긴밀한 연대 속에 주체적 운동을 지향하는 '재일조선인'의 정체성을 확고히 하는 계기가 되었다.

---

3   상게서, p. 23.
4   상게서, pp. 26-27. 1955년 5월 총련 결성 이래 8대 강령으로 구성·채택되어 1995년 9월, 2004년 5월 개정되어 오늘에 이르고 있다.

2) 북송운동의 전개 과정

다음 〈표 12〉에 제시한 바와 같이 1959년 12월부터 1984년 7월까지 재일조선인 북송사업은 크게 귀환 협정, 긴급조치, 잠정조치, 사후조치 등 4단계로 추진되어 총 187회에 걸쳐 9만 3,340명이 북송되었다.

〈표 12〉 연도별 북송자 수 변화추이[5]

연도	단계	횟수	인원	세대	연도	단계	횟수	인원	세대
1959년	귀환 협정	3	2,942	781	1973년	사후 조치	3	704	328
1960년		48	49,036	12,460	1974년		3	479	245
1961년		34	22,801	6,696	1975년		3	379	199
1962년		16	3,497	1,402	1976년		2	256	148
1963년		12	2,567	1,157	1977년		2	180	103
1964년		8	1,822	815	1978년		1	150	52
1965년		11	2,255	1,046	1979년		2	126	77
1966년		12	1,860	855	1980년		1	40	29
1967년	긴급 조치	11	1,831	873	1981년		1	38	29
1968년	중단	잠정 중단			1982년		1	26	18
1969년					1983년		0	0	0
1970년					1984년		1	30	23
1971년	잠정 조치	7	1,318	485	1985년		0	0	0
1972년	사후 조치	4	1,003	589	합계		186	93,340	28,410

---

5   오일환(2010). 「재일조선인의 북송문제」, 『일본 한인의 역사(하)』. 과천: 국사편찬위원회, p. 74를 참조하여 필자가 작성.

귀환 협정은 1959년 8월 13일 캘커타에서 조인된 북한과 일본 간 협정으로 8만 8,611명이 북송되었다.[6] 긴급조치는 북송사업이 1960년 이후 매년 연장되어 1967년 11월 12일 종료되었으나 이미 북송 예정 이었던 추가 인원이 남아있어 예외적인 긴급조치로 1967년 12월 22일 단 1회에 걸쳐 251명의 북송이 추진되었다. 이후 1968년부터 1970년 말까지 북송사업은 잠정 중단되기에 이르렀다. 주요 원인은 한일 국교 정상화 이후 한국과의 관계를 중시한다는 것으로 북한과의 관계를 중단하는 것을 의미했다. 잠정조치는 북송사업 중단 이후 북일 적십자사 의 물밑 접촉으로 1970년 12월 14일부터 1971년 2월 5일까지 모스크 바에서 열린 북일 적십자 회담에서 '조선민주주의인민공화국 적십자 사와 일본 적십자사 간의 미귀환자에 관한 잠정조치 합의서'와 '금후 새로운 귀환을 희망하는 자에 대한 귀환 방법에 관한 합의 요록'을 체 결하여 1971년 5월부터 6회에 걸쳐 총 1,081명이 북송되었다.[7] 사후 조치는 '향후 새로운 귀환을 희망하는 자의 귀환 방법에 관한 회담 요록'에 따라 새로 신청한 북송 희망자에 대해서는 기존에 북송사업을 추진했던 일본 적십자사 대신에 법무성의 출입국관리사무소가 북송 업무를 담당하기 시작하여 1971년 12월부터 1984년 7월 25일까지 총 3,684명이 북송되었다. 이처럼 4단계에 걸쳐 재일조선인 총 9만 3,340 명이 북송되었다.

6　조선민주주의인민공화국 적십자사와 일본 적십자사 간의 재일조선인 귀환에 의한 협정을 지칭한다.

7　미귀환자는 귀환 협정 유효 시기에 귀국 신청을 낸 자로 이 합의서에 따라 일본 적십자사는 1971년 5월부터 10월까지 신청이 끝난 미귀환자의 북송 업무를 개시했다.

3) 북송 귀국의 프로파간다와 결의

이 문집의 목적은 편집후기에 "귀국 궐기 운동과 미제를 우리 남반부에서 축출시키는 6·25 기념사업의 하나로 설정되었던 계획의 하나였다"와 같이 재일조선인의 귀국(북송)운동이 시작된 전후에 발간된 것으로 생각된다.

이 문집은 등사로 발행된 소책자이지만, 재일조선인 투쟁의 불꽃을 불러일으킨다는 의미에서 책의 제목이 '불꽃'으로 선정된 것으로 보인다. 여기에서 말하는 투쟁은 두 가지 측면으로 해석하고 있다. 하나는 미국의 야만성을 폭로·규탄하는 대외적인 측면이고, 또 하나는 귀국자로서의 자기점검을 통한 사상개조 사업이라는 대내적인 부분이라 할 수 있다. 이는 본문에서 필자가 "투쟁에는 두 가지 측면이 동시에 진행된다. 우리 민족사상에 있어서 철천지원수인 미제와 이승만 도당들이 일으켰던 6·25를 기념하는 월간사업을 시행하는 과정에서도 귀국 문제, 남미 이민 문제, 남반부에서 벌어지는 미제의 야만성을 폭로 규탄하는 대외적인 면과 귀국자로서의 자기점검을 통해 마땅히 가져야 할 공민 된 사상개조 사업을 철두철미하게 전개해나간다는 대내적인 투쟁 면이다. 이것은 우리가 늘 교양의 주제로 삼으며 그 어느 것 하나에만 치우치기 쉬웠던 것이 궐기 분위기 속에서 우리 학교 학생들이 이 기간 양면의 치열한 투쟁의 면모를 혹은 소박하게 혹은 이론을 지우려고 애쓰며 청산해간 화폭들을 이 문집에서 보여준 것을 기쁘게 생각한다"라고 밝히고 있는 데서 추론할 수 있다.[8]

조선 청년 서기였던 이불이웅은 '용광로의 밤'에서 1959년 6월

---

8   오일환(2010). 전게서, p. 1.

14~15일 양일간에 걸쳐 조청 제15차 대회에서 "만보쯔봉(떨거지)을 입은 동무들도 이제는 그간의 학습회를 통해 열렬한 귀국 지망자들이 되어버렸다. 별명 그대로 새 철이 되는 용광로가 이 학교(조선대학)라고 생각되었다. 귀국 운동 이후 이들에게도 새사람-사회주의 역군이 되는 기회가 열렸던 것이다."

"나는 참으로 행복합니다. 왜냐하면 과거에는 일본 소학교에서 공부했기 때문에 조선사람이란 자랑을 갖지 못했습니다. 그리고 오늘 이 대회에 참가하여 자기 의견을 말하게 된 것을 큰 자랑으로 생각합니다. 더욱 우리말로서 말하게 된 것을 기쁘게 생각합니다. 내가 만약 일본 중에 다니고 있었다면 일본 사람이 되기 위한 공부를 하고 있었을 것입니다. 그리고 귀국 문제에 대해서도 잘 모르고 있을 것이며 조선민주주의인민공화국으로 돌아갈 생각도 안 했을 것입니다. 이것을 생각하면 우리 학교가 조선사람을 만드는 학교이며 나쁜 사람도 좋은 사람으로 만드는 학교입니다(6·25 학생 궐기대회 결의표명 특기 중 14조 보고)."

"동무들, 저는 3학년 2조를 대표하여 귀국 문제에 대한 나의 결의를 말하겠습니다. 동무들, 왜 우리는 귀국하지 않으면 안 됩니까? 자본주의 국가는 우리에게 편안히 잘 살 수 있는 나라입니까? 그것은 동무들도 다 알다시피 자본주의란 자기 이익만 생각하고 우리 어머니 아버지들이 아침 일찍부터 밤늦게까지 일해도 입에 풀칠도 못 합니다. 그날 하루의 생존 유지를 위하여 온종일 헤매다가 수지에 맞지 않는 돈밖에 못 벌고 지친 다리로 터벅터벅 돌아오는 아버지 어머니들을 동무들은 보셨겠지요. 이러한 생활이 일본에 있는 우리 조선사람들의 생활입니다. 이러한 생활을 면하기 위해서는 오직 사회주의 국가인 우리가 날마다 그리워하는 조국으로 돌아가야 합니다. (중략) 우리는 귀국하지 않으면 안 된다는 것을 알았습니다. 우리는 하루속히 귀국하여 조국의 훌륭한 일꾼으로 조국의 앞날을 위하여 일할 것을 결심하였습니다. 나는 날마다 어머니를 졸라 귀국을 신청하자고 했습니다. 나는 학교에서 공화국에 관한 책과 그림을 가져다가 어머니에게 보였습니다. 어머니는 승낙하여 귀국을 신청했습니다. 그러나 아버지가 귀국하지 않겠다고 하여 우리 모녀만 귀국하라고 합니다(중3 2조 보고, 나도 신청한다, 최애자)."[9]

이와 같이 조선학교 학생 3명의 귀국 이유를 종합해보면, 학습회를 통한 귀국 결의, 우리말로 수업하는 조선학교에 다니고 있어서 귀국 가능성이 열림, 일본에서 조선사람들의 비참한 생활의 탈출구 등으로 요약할 수 있다.

---

9   상게 문집, pp. 11-13.

3. 가나가와(神奈川) 조선 중·고등학교 학생의 북송운동 전파 과정

1) 조선학교에서 북송운동의 확대

조선학교에서 북송운동의 적극적인 전파와 확대는 어떤 과정을 거쳐 이루어졌는지 학교-가정-동포사회를 중심으로 살펴보고자 한다. 조선학교에서의 귀국운동 당시 광경에 대해 『불꽃』 문집에서는 귀국 실현 운동으로 교실에서의 기쁨 표출 장면, 귀국에 대한 열망과 귀국 이후의 희망 등을 다음과 같이 표현하고 있다.

"6월 11일 비가 오고 있었던 날의 아침 귀국 문제가 기본적으로 타결되었다. 이 뉴스를 듣던 그 순간 얼마나 반가웠던지, 그날의 한 광경이 지금도 눈앞에 보일 것만 같다. 지금부터 그날의 학교생활로 돌아가 본다. 시작종이 울리고 조금 있다가 선생님이 들어오셨다. 어쩐지 선생님 얼굴에는 기쁨이 나타나고 있는 것같이 보였다. 선생님이 '지금 귀국 문제'라고 말하였을 때 나는 선생님의 기뻐하시는 이유를 알 수 있었다. 그 이야기는 계속 '귀국 실현 운동으로 전개하고 있는 운동 중의 하나로 고베-도쿄(神戸-東京) 사이를 달리고 있는 자전거부대가 요코하마(横浜)를 지나간다. 그러나 귀국 실현을 결정했으니 자전거부대는 축하하는 마음에서 달리게 되었다'라고 말씀하신 뒤 대표위원 조양일 동무의 선창으로 '제네바 회담의 승리 만세'를 우리는 외쳤다. 그러자마자 다른 학급에서도 노랫소리가 들리게 되었다(귀국 운동, 2년 1조 리동문)."

"내가 찾은 행복 그것은 귀국하는 것이다. 60만 동포가 귀국을 기다리고 있으며 조국에 빨리 돌아갈 수 있도록 빌고 있을 것이다. 나는 매일같이 아침 7시 NHK 뉴스를 듣고 있다. 그러던 차에 11일 '귀국 문제 타결'의 결과를 보게 되었다. 나는 언니와 둘이 손을 잡고 기뻐했으며 그날은 웃음으로 하루를 보내었다. 또한 6월 10일, 11일, 12일은 시나가와(品川) 공회당에서 제5차 총련 전체 대회가 열렸으며 12일 우리는 공부를 안 하고 먼 고베(神戶)로부터 갖은 고난을 박차고 600km 행진을 수행하고 있는 귀국 실현 자전거부대를 박수로서 환영하는 환영회를 열었다. 이렇게 귀국 문제를 둘러싸고 매일매일 지내온 가운데 우리는 공화국 학생으로서 부끄럽지 않게 열심히 공부하고 있다. (중략) 지금 일본에 있는 조선사람 가운데 대학을 졸업해도 일을 할 곳이 없어서 불량자가 된 사람도 있다. 우리도 낡아빠지고 부패한 일본이란 자본주의 사회에 있으면 불량자가 되기 쉽다. 자기 스스로가 불량자가 되겠다는 사람은 하나도 없겠지마는 일본이란 환경이 우리를 그렇게 만드는 것이다. 조선사람은 일을 시켜주지 않고 조선사람이라고 방도 빌려주지 않는다. 그렇기 때문에 이 일본에서는 조선사람이 살아나갈 길은 전혀 없다. 이러한 점에서 조국에 돌아가는 것이 우리를 비롯한 60만 동포의 희망이다(내가 찾은 행복, 중3 3조 성경자)."

"우리 학교는 학생 귀국집단을 조직하였으며 선생님들도 조직했습니다. 제1선이 8월에 온다고 좋아하며 웅성대고 있습니다. 그러면 대동강에서 헤엄을 칠 수도 있겠습니다. 나는 빨리 조국에 가서 방방곡곡을 구경하고 싶습니다. 동무들의 학교와 그 교사를 둘러싼 경치는 얼마나 아름답겠습니까? 교실 안은 어떻게 장식하며 공부는 어떤 방법으로 성과를 올리고 있습니까?(1959년 6월 20일 오리강)"

"우리 학교는 벌써 일본학교에서 온 사람들이 아주 많다. 국어강습이라는 것이 만들어지고 각 지역에서 우리말 우리글을 모르는 사람들을 모아서 공부하고 있다. 모두 귀국을 앞두고 준비하고 있다. 귀국 문제가 나와서 우리 학교도 국어 상용을 철저히 하게 되었다. 나는 이 귀국 문제를 통하여 내 생각과 태도가 나빴다는 것을 알았다. 그것은 중학교 때는 우리나라 말을 쓰는 것을 부끄러워하고 그 말을 같은 조선사람끼리 이야기하는 것도 부끄러워했다. 이 생각은 지금에 와서 어디에 갔는지 아마 우리 학교 쓰레기통에 박혔는지 모른다(상업과 1학년 이기순)."

이와 같이 조선학교에서 학생들에 의한 북송운동의 전파와 확대는 귀국 실현을 위한 조선학교 학생 자전거부대의 활약, 조선학교를 졸업해도 불량자 신세, 학생 귀국집단조직 운영, 귀국 준비를 위한 국어강습소 개설 등에서 찾아볼 수 있을 것으로 생각된다.

2) 학교에서 가정의 부모에게 전파와 설득

다음은 조선학교 학생들이 가정에서 북송운동에 대해 부모에게 어떤 식으로 전달하고 어떻게 설득을 시도했는지 살펴보고자 한다. 먼저 귀국운동에 대한 정보 전달이나 입수 방식은 다음과 같은 다양한 방식으로 전개되었다.

"우리 집은 내가 소학교 5학년일 때 쇠 장사(고물 장사)를 시작하였다. 제일 처음에 쇠 장사할 때는 아버지가 '리어카'를 끌고 다니면서 장사하였다. 그리고 내가 중학교 1학년 때는 장사가 잘 되어 마쓰다(삼륜차)의 중고품을 한 대 월부로 구매하여 장사하게 되었다. 그래서 고철을 많이 사드렸다. 철, 구리, 주석 같은 것이다. 그때는 고철값이 내렸다 올랐다 하고 있었다. 값을 오를 때를 바라고 집에 물품을 놓아두다가 값이 내려가고 말았다. 그래서 중개상에 팔려 하니 손해를 보겠고 이 고철을 팔지 않으면 새로 고철을 살 돈도 없고 생활에 쓸 돈도 없고 마쓰다의 월부를 치르고 기타 비용을 빼고 나니 남는 돈은 얼마 없다고 한다. 그때 일본 사람이 우리 집에 와서 돈벌이할 좋은 수단이 있다고 하여 그 사람에 돈을 빌려주게 되었다. 그러나 그 사람의 말은 거짓말이고 그 사람은 빌려간 돈도 끝내 돌려주지 않았다. 우리 집 생활은 점점 곤란해졌다. 그래서 어머니가 돈 빌려간 사람한테 돈 받으러 갔으나 그 사람은 2천 원만 내고 나머지는 다음에 줄 테니 용서해달라는 말에 할 수 없이 돌아오시고 말았다. 그래서 아버지는 돈이 없어 장사도 할 수 없어 걱정만 하시는 중 아버지의 친한 사람이 와서 돈벌이를 이야기하였다. 그래서 다른 사람한테 빚을 내어 장사하여 돈 1만 원 정도 벌었다 한다. 그러나 그 장사도 계속하여가는 도중에 그것도 마음대로 안 되고 실패하고 말았다. 이렇게 우리 집 생활은 안정되지 못한 채 곤란한 생활만 계속하는 중에 우리 일본에 사는 60만 동포들의 공화국에로의 귀국 문제가 일어났다. 다른 집에는 대부분 귀국을 신청하였는데 우리 집은 아직 신청하지 않고 있다. 그래서 아버지에게 신청을 왜 하지 않는가를 물으니 '북반부에 가도 부모가 있는 것도 아니고 겨울이 되면 일본보다 더 춥고 하니 통일이나 되거든 고향으로 나가지'라고 말씀하시었다. 그래서 내가 우리 집 생활은 안정되지 않으니 행복하게 생활할 수 있는 우리 공화국으로 나갈 것을 졸랐으나 별말 없이 가만히 계셨다. 나는

절대로 신청서를 내게 하고 귀국하게끔 아버지와 어머니께 계속 이야기
해볼 예정이다. 이 길만이 우리 집의 생활 안정과 우리의 희망이 서는 길
이라고 생각하기 때문이다(우리 집 생활과 귀국, 2년 1조 이종수)."

"나는 자전거부대 광경을 보고 새삼스럽게 생각했다. 어떻게 하면 아버지
가 귀국에 찬성하는가 하는 것을. 아버지의 심정을 모르는 것은 아니다.
나이는 많아졌고 아무 친척도 없는 공화국에 간다는 것보다 고생스럽지
만 몇십 년이나 산 일본서 살다 죽는 것이 좋다고 생각한다. 그러나 나는
이 아버지의 생각을 옳지 못하다고 생각한다. 얼마 없는 인생이라 해도 무
엇 때문에 일본에서 고생할 필요가 어디 있겠는가? 우리에게는 행복한 나
라가 있다. 하루빨리 조국에 돌아가서 당의 따뜻한 배려 밑에서 지내는 것
이 얼마나 행복한 일일까? 나는 이렇게 생각하면서 조금이라도 기회가 있
으면 아버지에게 조국 상태를 이야기하고 민보를 통하여 또는 조국에서
온 잡지를 읽어드리면서 아버지가 하루빨리 조국에 돌아간다는 말이 나
오기를 기대하고 있다(고등상업과 3학년 정광자)."

"-우리 집 아버지 어머니는 처음 귀국운동이 일어났을 때는 자기 조국에
돌아가리라는 생각은 조금도 느끼지 못하였다. 나는 학교에서 듣는 여러
가지 조국 이야기를 맨 처음에 어머니에게 말해드렸다. 그 결과 어머니는
신청서를 내시었다. 그 문제로 나와 옆집 아저씨와 다툰 일까지 있었다.
어머니는 그때부터 밤낮을 안 가리시고 라디오 방송을 들으시고 또 우리
들의 말도 들으시면서 몇 번 걱정스러운 얼굴도 하셨다. 그러는 중 어머니
는 라디오에서 '재일조선인'이라는 말만 들리면 곧 라디오 옆에 가서서 들
으시는 습관이 되었다. 귀국 문제가 일단 결정되던 날 아침 6시 뉴스를 어
머니는 듣고 있었다. 나도 그 소리에 잠이 깨어 같이 들었다. 귀국 승리의

기쁨에 어머니의 얼굴에는 새로운 하나의 빛이 보이었다. (중략) 아버지는 일 년간 병원에 입원하고 계셨다. 어머니는 매일 아버지의 병원에 다니시었다. 어머니의 따뜻한 병간호로 아버지는 완치되었다. 또 어머니가 우리를 더욱 공부시키려고 고생하시는 것은 나도 잘 알 수 있었다. 그래서 아버지는 어머니를 너무 고생시킨다고 하고 싶은 말도 못 하시는 경우가 한두 번이 아니었다. 그런 사정도 있으니, 어머니는 일본에서 고생하기보다 조국에 가서 살겠다고 신청하신 것이다. 그 후 어머니의 하루하루는 전과는 확연히 달라진 듯 용기가 있는 날로 되었다(중 3학년 이애자)."

"나카도메(中留)에 거주하는 동포의 조국 호소에 조국의 따뜻한 호응이 있자 전국적인 운동으로 확대되어나갔다. 나는 이때부터 귀국 문제를 내 문제로 곰곰이 생각하게 되었다. 어머니의 의사도 물어보았다. 천천히 가신다는 의견이었다. 나는 이런 어머니의 심리를 알 듯하였다. 어머니는 남반부에서 갖은 고생을 하다가 일본에 쫓겨오다시피 건너오셨다. 그러나 이곳에서 맛본 것은 역시 멸시와 생활고였음에는 다름이 없었다. 그런데 가시기를 꺼리시는 것은 전 생각과의 혼선에서인가 보다. 어머니의 머리 한구석에는 과거의 그림자가 남아있는 것이다. 그래서 아무 데서나 고생하자는 것일 거다."

"나는 처음 귀국운동이 일어났을 때 기쁘기는 하였으나 실현성이 희박하다고 생각하고 관심을 돌리지 않았을 뿐만 아니라 신문까지도 읽으려고 하지 않았다. 그러나 조국 영화를 보거나 새삼스레 또 신문잡지를 읽는 과정에서 행복스러운 조국이 일본 사회보다 얼마나 좋은 사회인가를 알게 되었다. 동시에 신청서를 내기로 결심하였다. 그런데 우리 부모는 귀국할 의사를 가지지 않았다. 반대까지 하였다. 그 이유를 물어보니까 '조국이라 해도 고향은 남반구에 있으니 어느 날에 고향 친척과 만날 수 있으리오. 일본에 있어도 자기 사상만 바로 가진다면 별반 다를 것이 없지. 나이 많아 돌아간들 무엇 하나 할 수 없고 이리 갔다, 저리 갔다 할 것이 아니라 되는대로 살다가 통일이 되거든 나가련다'라고 해버리신다. 그러던 것이 막상 귀국의 가망성이 분명히 드러나자, 우리 오빠의 단 한 번의 재권면으로 간단하게 응하고 마시었다. 역시 아버지께서도 내심으로는 깊은 관심이 있었던가 보다(조선 고보 2학년 조정자).ˮ

이상에서 살펴본 바와 같이 조선학교 학생들이 학부모를 대상으로 한 북송운동의 설득 과정은 일본에서의 궁핍한 삶과 북한에서의 생활 안정을 위해 부모를 설득하거나, 민보나 잡지를 통해 북한 관련 정보를 부모님께 전달하거나, 방송매체를 통해 정보를 입수하거나, 가족들의 권면 등으로 북송을 결의하도록 설득하는 과정들이 그려지고 있다.

3) 재일동포 가정과 개인 생활문제의 개선

다음에 살펴보는 바와 같이 조선학교 학생 개인과 가정생활이 귀국을 결의하는 중요한 요인들로 나타나고 있다. 즉 조선학교 학생이나 학부모들의 일본 내에서의 개인적인 생활문제, 그리고 가정 생활문제 등이 북한으로의 귀국을 결의하게 되는 중요한 요인으로 작용하는 사례도 있었다. 이러한 내용을 구체적으로 살펴보면 다음과 같다.

ˮ아버지와 엄마를 어떻게 하면 사이좋게 할 수 있을까? 사이좋게 지내기 위해서는 내 생명이라도 바치고 싶다. 나이 16세가 되도록 하루도 행복한

날이 없었던 내가 이후 어떻게 행복을 붙들 수가 있겠는가? 하고 생각하면 정말 기가 찬다. 엄마는 엄마, 아버지는 아버지, 나는 나대로 이러한 불만인 가정. 차라리 아버지와 엄마를 버리고 나 혼자 조국에 가면 하루라도 마음 놓고 공부할 수 있지 않을까 하여 나는 조국에 갈 것을 결의하였다. (중략) 조국에 돌아가기 전에 나에게는 참으로 해야 할 중대한 일이 있다. 그것은 엄마와 아버지를 사이좋게 하는 것이다. 내가 선두에 서서 침울한 집에서 아버지와 엄마 사이에서 상냥한 얼굴을 하고 농담도 하고 우스운 소리도 하며 나의 있는 전력을 다하여 아버지와 엄마를 사이좋게 하면서 같이 조국에 돌아가 부모 형제 다 같이 원만한 가정을, 또 지금까지 고생해온 엄마를 위하여 또 부모에게 효자 노릇을 하지 못한 나에게는 무엇보다도 좋은 효자 노릇이라고 생각하였다(상업과 1학년 S생)."

"우리 집 가족은 어머니, 형님, 나, 동생 둘과 조그마한 오막살이 집에 곤란함 속에서도 재미있게 살고 있다. 다만 우리 집은 아버지가 돌아가시고 어머니 혼자서 일하고 있다. 형님이 고등학교를 중퇴하고 같이 일하고 있다. (중략) 그런데 나는 집에 돌아가면 성이 난다. 그것은 우리 집이 조선 부락 중간쯤에 있는데 지독한 냄새가 나는 돼지가 주위에서 꿀꿀대고 있다. 돼지 냄새에다 찌그러져가는 변소 냄새가 겹쳐서 공부하려고 해도 앉아 있을 수가 없다. 그 외에도 근처에 있는 아이들이 매일 시끄럽게 하고 인근 어른들까지 큰 소리 내어 싸움한다. 그러니 공부라는 이름이 붙는 것은 낮에는 도저히 할 수 없는 것이 사실이다. 그러니까 공부는 밤에 한다. 어머니를 설득해 아름다운 우리 조국에 귀국하려는 것을 희망으로 품고 있다(우리 집 생활과 나의 희망, 공업과 1학년 김수창)."

"우리 집 생활은 참으로 말할 수 없이 곤란하다. 나의 아버지는 어렸을 때

116

부터 생활이 곤란하여 공부도 할 수 없었다. 무학이지만 조금이라도 알아보려고 노력하시는 아버지. 언제나 아버지는 이렇게 말씀하신다. '너희들은 아무리 공부하기 싫어도 학교에 가야 한다. 아버지는 아무것도 못 배웠기 때문에 아버지의 마음은 캄캄하다. 아버지는 지금 입안에 넣을 것이 없어도, 거지가 되어도 학교에 보내준다'라고 몇 번이나 매일 그 말을 한다. 우리 집은 다른 집보다 언제나 돈 때문에 머리를 숙여서 지내왔다. 우리 집은 수도가 없어 매일 비가 오나 눈이 오나 수도 있는 데까지 물을 얻으러 간다. 바람이 불고 비가 올 때는 비에 맞으면서. 그때는 마음속에 눈물이 안 나오는 때가 없었다. 그러나 오늘에 와서는 이와 같은 날을 보내지 않아도 괜찮은 날이 왔다. 우리는 기대한 귀국이 실현되어 조국에 갈 수 있기 때문이다. 아 기쁜 마음! 말할 수 없는 행복에 가득 찬 마음! 모두 같이 조국으로 돌아가자! 우리의 동무들이 기다리고 있는 조국으로(고등상업과 2학년 이명미)."

"장래라는 것은 조금도 생각지 않고 그때만 재미있으면 좋다는 생각으로 나쁜 일도 많이 해왔다. 나 자신만이 아니고 조선 청소년들도 많이 있었고 또 현재도 있다고 볼 수 있다. 희망도 목적도 없는 매일매일 일하기 싫으면 안 하고 나쁜 일을 하고 싶으면 한다. 이것은 청년들 자신이 의지가 약하고 잘못된 것도 있으나 무엇보다도 나쁜 것은 일본이란 나라의 부패한 환경이다. 즉 사회가 나쁜 것이다. 그러나 현재 우리에게는 귀국 문제가 일어남으로써 지금까지 희망 없이 불량한 행동을 하던 조선 청년이 귀국할 수 있다는 빛나는 희망에 넘쳐 조청 사업을 하고 있다. 나는 그러한 형상을 볼 때 놀라지 않을 수 없다. 지금 내가 생각하고 있는 것을 솔직히 말하면 조국에 그렇게 가고 싶다는 마음은 우러나오지 않는다. 어째서 그런 생각이 나는지 모른다. 일본에서 탄생하였기에 일본에 미련이 있다는 것을 말할 수 있다. 나의 부모는 일본 땅에서 갖은 고생을 다 하였다. 고생하며 지금까지 생활 향상을 꿈꿔왔다. 그러나 생활은 좋게 되는가 하면 오히려 나쁘게 되었다. 이러한 문제를 해결해주는 것은 귀국이다. 귀국 문제는 우리 재일조선인에게 큰 희망의 길을 열어주었다(공업과 2학년 현문일)."

"우리 집은 주위에 고향 사람 열대여섯 가호로 둘러싸여 있다. 전찻길 맞은편 저쪽은 일본인들의 집이 우뚝 서 있다. 전차 칸에서 본다면 우리 동네는 전부가 돼지우리로 보일 것이다. 그리고 이 지역을 지날 때 모두 이맛살을 찡그린다. 그것은 선로 가에서 이편 일대에서 풍기는 고약한 똥내가 여지없이 나기 때문이다. 이런 지경에 귀국의 길이 터지었다. 이것은 나에게 있어 그야말로 회생의 길이다. 내가 살아날 길은 이 길밖에 없다. 물론 나는 귀국 신청을 마치었다. 이제 귀국은 내가 나갈 단 하나 남은 길이라고 확신한다(나의 길, 고보 2학년 김군자)."

위에서 살펴본 바와 같이 조선학교 학생들의 귀국 결의 요인을 보면 가정불화, 조선 부락의 불안정과 공부하기 어려운 환경, 부모의 가난한 생활 탈출구, 일본에서 희망 없는 악화된 삶으로부터 해방, 생활 향상이라는 큰 희망, 선로 주변의 비참한 삶의 해결 방안 등의 선택지로서 북송을 결의하고 있는 것으로 생각된다.

4) 재일동포 사회에서 일본 사회로 확대

일본 사회의 동포사회에 대한 차별은 조선 학생의 귀국 결의에 어떤 영향을 미쳤고 동포사회의 차별에 어떻게 반응했는지에 대해 동포

사회에서의 귀국운동이 일본 사회로 확대하는 과정에 대해 살펴보고
자 한다.

"귀국 문제가 처음 일어난 것은 작년이었습니다. 작년에 가와사키 나카도
메(中留)에서 처음 일어났습니다. 우리가 6학년 때였습니다. 귀국시켜달라
고 외치고 있을 때였습니다. 재일본조선인총연합회에서 귀국하는 사람이
11만 7천 명이었는데 지금 와서는 15만 명이 넘는다고 합니다. (중략) 우
리 집은 귀국 신청하기 전에는 어머니와 아버지가 대단히 반대하였습니
다. 그것은 우리 어머니는 남반부에서 왔기 때문에 남반부의 사정을 잘 알
고 계십니다. '우리도 조국에 갑시다'라고 하면 '나는 절대로 안 간다. 아
이고 참 추운 데서 곡식도 없고 거기서 고생하면 어떻게 하냐'라고 말하고
있습니다. 그래서는 나는 '공화국은 사회주의 국가니까 그런 일은 없다'라
고 설명했으나 어머니는 아직 모른다고 반대했습니다. 그러나 귀국에 대
한 회의가 우리 동네에서 종종 열렸습니다. 어머니는 마침 아버지를 조국
에 보내고 싶은 것처럼 회의가 있을 때마다 매번 나갔습니다. (중략) 그리
고 내가 어째서 조국에 가야 하는가. 그것은 일본에서 암만 공부하여도 쓸
데가 없기 때문입니다. 그것은 우리나라가 아니기 때문입니다. 그리고 일
본에서 공부하려면 돈이 많이 들고 일본에서 고생하여도 헛수고입니다(귀
국하면 나는 의사가 되려고 한다, 중학교 1학년 2조 허영순)."

"나는 순수한 조선사람이다. 조선 민족의 혈통을 전신에 가진 조선사람이
다. 그러나 나는 조선사람이란 자랑과 자각을 하지 못한 적이 있었다. '조
센징, 조센징'. 나는 이 소리를 들을 적마다 조선사람이란 것을 감추려고
하였고 나도 일본 사람이라며 시치미를 뗐다. '당신은 어느 학교에 다닙니
까?' 나는 바로 대답하지 못했다. 학교명을 제대로 말할 수가 없었다. 우물

쭈물 넘겼다. 그럴 때마다 그들은 고개를 기웃거렸다. 혹 전차를 탔을 때 늙은이나 아기 안은 부인이 들어오면 자리를 비켜주는 경우 인사를 받은 다음 부득부득 학교 이름을 묻는다. 그럴 때도 우물거리고 만다. 용렬하기 끝이 없는 일이다. 가슴이 화끈화끈 달고 얼굴이 벌게서 그날 하루가 기분이 상하였다. 이것이 싫어서 그만 모르는 척하고 앉아 있곤 하였다. 왜 이런 심리를 가지게 되었던가? 이것은 확실히 열등감에 기인하였다. 해방국가의 공민인 자각이 없었던 까닭이었다(고보 1학년, 박대룡)."

"그러던 어머니가 지금은 신문이 오기 무섭게 읽으시며 우리 집에서 귀국 문제로는 제일 열성적이다. 요새는 동네 사람에게 선전하시며 다니시는 모양이다. 조국 화포, 조국 신문을 들고 다니시면서 읽어주시거나 굉장히 자랑하시는 모양이다. '일본서 백 년을 살아보소, 무슨 소망이 설 건지. 이 땅에 사는 것은 일본의 이익은 될지언정 우리 이익은 아무것도 남지 않소. 그러니 우리가 살 보람은 조국에 돌아가서야!' 이렇게 열성적인 수선을 부리신다. 참 훌륭한 내 어머니라고 나는 믿는다(고보 1학년, 조숙자)."

위에서 살펴본 바와 같이 조선학교 학생들이 귀국을 결의하게 된 이유는 일본에서의 미래 생활에 대한 절망과 불안감, 일본에서 조선인이라는 열등감, 소망 없는 일본 생활 등을 들 수 있다.

다음 〈표 13〉은 조선학교 학생들이 학교, 가정, 개인, 동포사회와 일본 사회에서 어떻게 북송운동을 전파하고, 구체적인 전파 내용이 무엇이었는지를 정리한 것이다. 전체적으로 일본 사회에서 조선학교 학생들의 북송운동 전파와 확대는 학교와 가정, 그리고 대상은 부모와 동포사회로 점차 확산하는 과정을 거치고 있다. 이는 당시 조선학교 학생들이 중심이 되어 북송운동을 적극적으로 전개했다기보다 암울하고 동포 차별적인 일본 사회를 탈피하고 싶다는 학생들의 심리가 크게 작용한 결과로 생각된다. 왜냐하면 당시 조선학교 학생들이 주장하는 귀국 결의에서 나타난 바와 같이 일본 사회에서 불안정한 생활과 미래 불안, 그리고 무엇보다 공부에 대한 환경개선 의지가 강했던 데서 추론할 수 있다.

〈표 13〉 가나가와현(神奈川県) 조선 중·고등학교 학생의 북송운동 전파 과정

북송운동 전파 장소	구체적인 북송운동 전파 내용
학교에서 북송운동과 격려	고베-도쿄 자전거부대의 귀국 실현 운동, 조선청년동맹과 학생귀국집단 조직
가정에서 부모에게 전파와 설득	생활 안정과 희망, 행복한 나라, 공부 등 "나는 절대로 신청서를 내게 하고 귀국하게끔 아버지와 어머니께 계속 이야기해볼 예정이다. 이 길만이 우리 집의 생활 안정과 우리의 희망이 서는 길이라고 생각하기 때문이다."
개인 생활문제	이혼이나 빚, 멸시와 생활고, 효자 노릇 등 "나는 집에 돌아가면 성난다. 그것은 우리 집이 조선 부락 중간쯤에 있는데 지독한 냄새가 나는 돼지가 주위에서 꿀꿀대고 있다. 돼지 냄새에다 찌그러져가는 변소 냄새가 겹쳐서 공부하려고 해도 앉아 있을 수가 없다."
동포사회와 일본	동포 차별, 열등감, 조국의 이익 등 "내가 어째서 조국에 가야 하는가. 그것은 일본에서 암만 공부하여도 쓸데가 없기 때문입니다. 그것은 우리나라가 아니기 때문입니다. 그리고 일본에서 공부하려면 돈이 많이 들고 일본에서 고생하여도 헛수고입니다."

4. 조선학교와 북송운동의 확산

이 절에서는 조선학교에서 북송운동의 전파 과정을 고찰한다. 특히 재일조선인학교 학생들에 의해 북송사업이 학교-가정, 동포사회, 일본 사회 등에 의해 어떻게 전파되었는지를 살펴본다. 연구 방법 및 분석자료는 일본 가나가와 조선 중·고등학교에서 1959년 7월 10일, 6·25 기념문집 편집위원회에서 발간한 『불꽃』이라는 6·25 기념호 잡지의 내용을 분석했다. 1959년 12월부터 시작된 북송운동은 이후 10년에 걸쳐 재일조선인 9만 3,340명이 북한으로 귀국하게 되었다. 그 배경에는 재일조선인 자녀들 대부분이 다니고 있던 조선학교의 존재와 역할이 컸던 것으로 짐작된다.

이에 연구 결과를 요약하면 다음과 같다.

첫째, 재일조선인이라는 정체성은 북송사업의 전개에 있어서 매우 중요한 의미를 지닌 것으로 나타났다. 재일조선인은 1945년 이후 조련(북한 지지)-1951년 이후 민전(일본의 소수민족)-1955년 이후 총련(해외공민) 시기를 거치면서 북한 공민(조선사람)의 지위를 확고히 했다. 이러한 북한 공민으로서 '재일조선인'의 정체성은 조국인 북한의 발전에 이바지하고 북한과의 긴밀한 연대 속에 주체적 운동을 지향하는 세력으로 성장하는 계기가 되었다.

둘째, 재일조선인에 의해 전개된 북송사업은 1955년 5월 총련 결성 이후 1959년 12월부터 본격적으로 추진되었다. 북송사업을 전개한 요인은 재일조선인의 일본 내 경제적 궁핍, 일본 생활에 대한 불안과 실망, 일본 적십자사와의 정치적 협상 등으로 나타났다.

셋째, 1959년 12월부터 1984년 7월까지 재일조선인 북송사업은 크게 귀환 협정, 긴급조치, 잠정조치, 사후조치 등 4단계로 추진되어 총 187회에 걸쳐 9만 3,340명이 북한으로 귀환하게 되었다.

넷째, 『불꽃』 잡지의 내용분석 결과, 1959년 당시 북송운동은 조선학교-학생-가정-동포사회로 전파된 것으로 나타났다. 전파 원인은 희망 없는 일본 생활의 탈출, 취업 차별과 궁핍한 경제생활, 무엇보다 학생으로서 공부할 수 없는 환경 여건 등 다양하게 나타나고 있다.

결론적으로 재일조선인의 정체성은 북한의 해외공민으로 살아가는 것을 의미하며, 이는 일본에서 북송운동을 확대한 요인으로 작용한 것으로 생각된다. 그러나 조선학교 학생들이 자신의 정체성을 확인하기 위해 북송운동을 적극적으로 전파했다기보다는 당시 재일조선인의 생활 여건, 공부 환경 등 탈출구로서의 귀국운동을 전개한 것으로 생각된다. 이러한 조선인 학생의 귀국운동 전파는 이후 재일동포 사회에서 1970~1980년대 재일조선인 민족차별 운동을 일본 전국적으로 확대하는 데 큰 영향을 미쳤다는 점에서 의의가 있다.

V

재일동포
조선학교와
중국 조선족학교

1. 코리안 디아스포라와 세계 한민족학교

세계 한민족이 지금과 같이 전 세계 곳곳에서 터전을 잡고 살아간 지도 어느덧 100년이라는 세월이 흘렀다. 코리안 디아스포라의 이민은 1903년 미국 하와이 이민으로부터 시작되었다. 그들은 인천 앞바다에서 갤릭호를 타고 1903년 1월 13일 새벽 하와이 호놀룰루항에 입항했고, 이때부터 사탕수수 농장 이민노동자로서의 고된 이민 생활을 시작했다. 1903년부터 1905년까지 총 64회에 걸쳐 약 7,400명이 태평양을 건너 지금의 미국 하와이로 삶의 터전을 옮겼다.[1] 이들의 이민을 시작으로 해외로 이주한 코리안 디아스포라는 2024년 현재 708만 명에 이르고 있다.

코리안 디아스포라는 서로 다른 국가에서 한민족의 정체성을 유지하고자 한민족 고유의 민족문화를 지키려 노력해왔다. 이를 위해 코리안 디아스포라가 해외 어디를 가든지 가장 먼저 시작한 일은 이민공동체를 중심으로 민족학교를 세우는 것이었다. 코리안 디아스포라 중에서 가장 많은 수를 차지하고 있는 것은 200만의 중국 조선족과 우리와 가장 가까운 일본의 재일동포이다. 중국 한민족은 1906년 서전서숙(瑞甸書塾)을 시작으로 근대적 교육기관을 설립하여 자신들의 자녀

---

1   한국이민사박물관. 상설 전시: 제1전시실(미지의 세계로), 제2전시실(극복과 정착), 제3전시실(국경을 넘어 세계로), 제4전시실(세계 속의 대한인). 출처: https://www.incheon.go.kr/museum/MU040201

들에게 민족정신을 가르쳤고, 재일동포는 1945년 해방을 계기로 우리 말과 글을 가르치는 '국어강습소'를 통해 민족교육을 시행했다.

이 장은 코리안 디아스포라 중에서도 중국 조선족학교와 일본 조선학교를 대상으로 교가를 비교·분석하는 데 중점을 두고 있다. 이 장에서는 교가를 "학교를 상징하는 노래로서, 세계 한민족의 역사적·시대적 배경으로 민족학교의 교육 정신이나 목표, 그리고 특성 등이 담겨있는 노래"로 정의했다. 흔히 교가는 "학생들에게 애교심을 길러주고, 동시에 학교에 대한 소속감과 협동심을 기르기 위해 학교가 특별히 제작하여 학생들에게 부르게 하는 노래"로 정의된다.[2] 그러나 중국 조선족학교와 일본 조선학교의 대부분은 시대적 배경과 정치적 상황에 따라 서로 다른 교가를 만들어 학생들에게 부르게 해왔다.

이 장에서 주목하고자 한 연구 대상은 지금까지 그 누구도 중시하지 않았던 세계 한민족학교 교가이다. 그동안 세계 한민족학교 교가는 재외동포 학자뿐만 아니라 한국의 연구자들조차 이에 대한 관심이 그다지 많지 않았다. 이러한 배경에는 현지 연구와 이를 위한 재정적 지원이 필요한데 여기에까지 미처 관심을 두지 못했을 것이다. 이 때문에 그동안 세계 한민족학교 교가에 대한 체계적인 관리나 연구가 이루어지지 못했고, 그러는 사이 이민 민족학교는 고령화와 학생 수 감소 등의 이유로 급속도로 폐교되는 학교가 증가하면서 수많은 민족학교와 함께 교가도 사라져갔다. 이러한 시대적 조류는 이 연구가 대상으로 삼은 중국 조선족학교와 일본 조선학교 역시 예외가 아니었다. 한때 1,500개에 달했던 중국 조선족학교는 2018년 250개밖에 남지

---

2   안병삼(2015). 『중국 길림성 조선족학교 교가와 그 연구』. 성남: 북코리아, pp. 95-96.

않았고,[3] 이에 따라 민족학교 교가 역시 사라져 흔적을 찾아보기 어렵게 되었다. 일본 조선학교 역시 해방 이후 한때 500개로 일본 전역에 존재했지만, 2018년 현재 60개 정도밖에 남아 있지 않다.

세계 한민족이 한반도를 떠나 타향에서 살면서 추구했던 민족교육 이념과 민족정체성을 분명히 보여주고 있는 교가에 관한 연구는 지금까지 미개척 분야이고, 향후 다양한 지역으로까지 확대되어야 할 연구 분야이다. 더불어 이 장은 한국과 세계 한민족과의 연계라는 측면에서 문화 영토와 학문 영역의 확장이라는 의미가 매우 크다.

이 장의 연구 대상은 필자들이 중국 조선족학교에서 직접 수집한 교가 214개와 일본 조선학교에서 수집한 교가 50개이다. 이 글은 중국과 일본 전역에 흩어져 있는 민족학교 교가를 수집하여 이들 두 나라 민족학교 교가 내용에 나타난 정치·사회적 배경과 민족의식 등을 분석할 것이다. 이 연구의 의의는 해방 이후 국가적 이념과 체제가 다른 중일 각국에 정착한 세계 한민족학교의 민족학교 교가 내용에 나타난 유사성을 발견하는 것으로, 두 나라에 정착한 세계 한민족의 민족교육 현상을 이해하는 데 도움이 될 것이다.

---

3   안병삼(2017). 「21세기 중국 조선족학교의 '學校文化' 연구」, 『다문화와 디아스포라 연구』 11, 한국다문화·디아스포라학회, p. 3.

2. 일본과 중국의 세계 한민족학교[4]

1) 일본 조선학교

일본에 존재하는 최초의 조선학교는 1945년 해방을 계기로 재일동포 자녀들에게 조선어를 가르치기 위한 공간으로서 '국어강습소'라는 형태로 일본 각지에서 개교했다.[5] 해방 이전에는 일본 각지에 조선어를 가르치는 자주적인 민족교육 기관이 존재했는데, 야간학교 형태로 체계적인 교육시스템이 전혀 갖추어지지 않은 자율학습형 민족학교였다.[6] 민족학교가 출발하게 된 계기는 언젠가는 모국으로 돌아가야할 재일동포가 모국어인 조선어를 잊어버리지 않고 언어소통의 능력을 키워주고자 잠시 체류하는 형태의 국어강습소를 개설하는 형태가되었는데, 이것이 민족학교의 시초라 할 수 있다.[7] 일본 내 민족학교는 민족교육이라는 차원에서 민단과 총련이 분리되기 전까지는 양쪽을포괄하는 용어로 사용되기도 했다.[8]

---

4 안병삼 · 임영언(2018). 「해외한민족학교의 교가 비교 연구: 중국조선족학교와 일본 조선학교를 중심으로」, 『순천향 인문과학논총』 37, 순천향대학교 인문학연구소, pp. 153-175.

5 朴三石(2011). 前揭書, pp. 1-4.

6 小沢有作(1973). 前揭書, pp. 302-305.

7 일본 내 민족학교는 총련계 조선학교와 민단계 한국학교로 구분할 수 있는데, 이 책에서는 성격상 총련계 조선학교만 분석 대상으로 했다.

8 金德龍(2004). 前揭書, pp. 35-52.

그러나 조선학교는 미군정의 조련 해체와 더불어 재일동포 사회가 민단과 총련으로 분단되면서 민단계 한국학교와 총련계 조선학교로 분리되어 발전하기 시작했다. 당시 민단계 학교는 총 4개 정도가 존재했고, 이와는 달리 총련계 조선학교는 북한의 대대적인 민족교육 투자를 통해 일본 전국 각지에 500여 개의 민족학교를 설립하기에 이르렀다. 민족학교에 대한 민단과 총련의 관심과 성장이 엇갈린 계기가 된 것은 일본 정부와 미군정(GHQ)의 동아시아정책과도 깊은 관련이 있다. 왜냐하면 총련계 조선학교가 본격적인 탄압의 대상이 된 이유로서 미군정의 조선 군사기지화 전략, 일본의 반공 기지화 역할이라는 측면에서 재일조선인 중에서도 총련을 지지하는 조련의 활동을 미군정이 방해자로 간주했기 때문이다.

해방 이후 당시 학교 체제의 구분이 모호했던 조선학교는 1947년 10월 학교 체제로 전환되면서 소학교 541개교에 학생 5만 6,961명, 교사가 1만 250명, 중학교 7개교에 학생 2,761명, 교사 95명, 청년학교 22개교에 학생 1,765명, 교사 101명, 고등학교 8개교에 학생 358명, 교사 59명이 재적하고 있었다.[9] 그러나 이후 일본 정부와 미군정은 조선학교가 공산주의자를 양성한다는 구실로 1948년 4월에 발생한 '한신교육투쟁'을 계기로 같은 해 10월에는 조선학교 92개교에 대해 폐쇄를 통고했고, 나머지 260개교에 대해서는 사립학교 신청 절차를 밟도록 권고했다. 그리고 1949년 11월에는 조선학교 총 349개교를 강제적으로 폐쇄하는 조치를 단행했다. 1949년 10월과 11월에 단행된 두 번의 조선학교 폐쇄 조치로 결국 조선학교 전체에 대한 폐쇄 조치가 단행되어 1952년 체결된 샌프란시스코강화조약과 1955년 총련

---

9   藤島宇内·小沢有作(1966).『民族教育－日韓条約と在日朝鮮人の教育問題』. 東京: 靑木新書. pp. 46-47.

의 결성으로 조선학교가 각종학교로 인가될 때까지 조선학교는 민족학급 형태로 유지되었다.[10]

조선학교는 1959년 시작된 '북송운동'을 계기로 급격히 증가하기 시작했다. 그 이유는 재일동포가 귀국 준비를 위해 조선학교에서 조선어교육이 필요하다고 생각했기 때문이다. 그리고 조선학교의 증가 추이는 북송운동이 끝난 시점인 1970년대 이후 서서히 감소하기 시작하여 2016년 5월을 기준으로 전국 지역별로 66개교, 학교별로는 97개교 정도로 감소했고, 학생 수도 8천 명 정도 감소한 것으로 나타났다.[11]

조선학교가 일본 사회에서 급격히 감소하게 된 이유는 다양한 분석을 제시하고 있다. 가장 큰 이유로는 일본 사회의 저출산·고령화에 따른 자연 감소 현상이라는 주장이 설득력을 얻고 있으나 재일동포 귀화자 증가와 일본인과의 결혼에 의한 일본 국적 취득자 증가, 재일동포 사회의 민족정체성 약화에 따른 결속 약화 문제 등을 지적하기도 한다.[12] 그러나 무엇보다 직접적인 조선학교 감소 원인은 북한으로부터의 교육원조비 지원의 중단과 감소, 재일동포의 교육비 가중으로 자녀들의 일본학교 선택이 큰 원인으로 지목되고 있다.[13]

10 임영언 외(2018). 「재일조선학교에서 북송운동의 전파과정 고찰: '불꽃' 잡지의 내용을 중심으로」, 『Journal of International Culture』 11(1), pp. 1-24.

11 임영언(2018). 「재일코리안 조선학교 민족교육 운동과 고교무상화제도 고찰」, 『로컬리티 인문학』 19, pp. 39-64.

12 中島智子(2011). 前揭書, pp. 189-202.

13 도쿄 연합뉴스, 2017년 12월 29일자 보도자료.

2) 중국 조선족학교

19세기 이후 많은 조선인이 한반도를 벗어나 중국의 동북 3성을 중심으로 이주하여 자리 잡기 시작했다. 그들은 이주한 곳에서 자녀들의 좀 더 밝은 미래를 보장하기 위해 마을마다 교육기관을 설립했다. 한반도에서 가장 가까운 현재의 길림성에 터를 잡은 사람들도 예외는 아니었다. 그들 역시 마을에 교육기관을 설립하여 학교를 운영하기 시작했다. 이후 조선의 전통적인 서당식 교육방식을 벗어나기 시작했는데, 서전서숙(瑞甸書塾)이 시초라 할 수 있다. 서전서숙은 중국 조선족 최초의 근대 교육기관으로, 1906년 독립운동가 이상설이 길림성 용정에 세운 민족학교이다. 이러한 민족 교육기관의 설립은 계속 이어졌는데, 1907년 3월 이동춘은 용정에 양정학당, 1908년 이성유가 연길에 창동서숙(창동학원), 김립이 연길 소영자(小營子)에 광성서숙(광성학교), 박무림과 김학연이 화룡에 명동서숙(명동학원), 강백규와 유한이 화룡에 정동서숙(正東書塾) 등을 연이어 설립했다.[14] 1910년경 이주민이 설립한 길림성 간척민 학교는 모두 40개소였고, 1928년 중국 길림성 조선족학교는 모두 628개소에 학생 3만 1,878명과 교원 1,203명이 재직하고 있었다.[15] 1935년 길림성 조선족학교는 총 353개소에 4만 6,121명의 학생이 재적하고 있었다.[16] 1944년 기록인 간도성 『文敎要覽』에는 연길시와 주변 지역 5개 현에 중국 조선족 소학교 474개소, 학생 8만 4,887명이 재적했고, 길림성 조선족 중학교는 21개소 7,057명이 재적하고

---

14   吉林省地方誌編纂委員會(1992). 『吉林省誌·敎育誌』(卷37). 吉林人民出版社, pp. 367-368.

15   上揭書, p. 369.

16   上揭書, p. 370.

있었다.[17]

1949년 3월 동북 민정국의 통계에 의하면, 길림성에는 소학교 662개소, 중학교 40개소가 존재하여 모두 702개의 민족학교가 있었다.[18] 1965년 길림성에는 소학교 1,071개소, 중학교 221개소가 존재하여 모두 1,292개소의 학교가 있었다.[19] 1985년 길림성에는 소학교 555개소, 보통중학교 100개소, 고등교육기관 3개소,[20] 중등전문학교 6개소[21]가 존재했다.[22] 1993년에는 소학교 589개소, 중학교 83개소가 존재하여 모두 672개소가 길림성에 존재했다.[23] 그러나 2002년경에는 조선족 학교 수가 급격히 감소하여 소학교 180개소, 중학교 83개소가 존재했다.[24] 2010년에는 소학교 47개소, 중학교 42개소로 모두 89개소가 존재했다.[25] 흑룡강성에 자리 잡은 사람들은 1908년 목단강 지구의 녕안현에 거주하면서 흑룡강성 최초의 조선족 근대학교인 고안촌 초등소학당을 설립했다. 이를 계기로 흑룡강성에는 근대적인 민족학교들이 나타나기 시작했는데, 독립운동가들이 세운 한민(韓民)학교와 하얼빈시 조선족 주민이 주도적으로 세운 동흥(東興)학교가 대표적이다.[26]

17 上揭書, p. 371.

18 차철구 외(2009). 『중국조선족혁명투쟁사』. 연길: 연변인민출판사, p. 736.

19 吉林省地方誌編纂委員會(1992). 前揭書, p. 373.

20 延邊大學, 延邊農學院, 延邊醫學院 등을 가리킨다.

21 延邊第一師範學院, 延邊第二師範學院, 延邊衛生學校, 延邊財務學校, 延邊人民警察學校, 延邊體育學校, 延邊藝術學校 등이다.

22 吉林省地方誌編纂委員會(1992). 前揭書, p. 374.

23 崔相錄 外(1995). 『中國朝鮮族敎育的現狀與未來』. 延吉: 延邊大學出版社, p. 274.

24 이 기록은 재외동포재단과 교육부에서 공동으로 조사한 2002년 내부 자료인 중국 조선족학교 현황을 참조했다.

25 2010년의 기록은 저자가 2010년 12월 길림성 각지의 조선족학교를 방문하여 조사한 결과를 적은 것이다.

26 최범수 등 편(1993). 『흑룡강성조선족교육사』. 연길: 동북조선민족교육출판사, pp. 13-15.

1945년 만주국 시기 흑룡강성 조선족 중학교는 14개교였고, 학생 수는 2,800명이었다. 소학교는 263개교에 학생 수는 2만 4,667명이었다. 1949년 중화인민공화국이 성립될 당시 조선족 소학교는 274개교로 학생 수가 3만 7,562명이었다. 또한, 조선족 중학교는 13개교였으며 학생 수는 3,300명에 달했다.[27] 1957년 흑룡강성에 319개교였던 조선족 소학교는 1958년 347개교로 증가했고, 중학교 역시 6개교의 완전중학교와 10개교의 초급중학교, 1958년에는 완전중학교가 10개교로 발전했고, 초급중학교는 5개교가 더 증가했다.[28] 유치원 교육 역시 많은 성장을 거듭했는데, 1950년대 중기부터 정규화된 상설유치원이 만들어지기 시작했다. 1956년에는 36개교의 유치원이 있었고, 1965년에는 64개교로 증가했다.[29] 1977년 흑룡강성 조선족 중학교는 182개교로 급격히 증가했고, 재학생은 2만 7,703명이었다. 조선족 소학교는 327개교로 다소 감소했지만, 재학생은 4만 2,732명이었다.[30] 1988년 흑룡강성 조선족 소학교는 모두 405개교였으며, 재학생은 3만 5,422명이었다. 조선족 중학교의 경우 모두 85개교였으며, 재학생은 2만 748명이었다.[31] 1993년의 기록에 의하면, 흑룡강성 조선족 소학교는 380개교였고, 재학생은 3만 4,975명이었다. 조선족 중학교는 68개교였고, 재학생은 1만 6,925명이었다.[32] 2006년 통폐합으로 흑룡강성에 존재하는 조선족학교는 모두 58개교였다.[33]

---

27   상게서, pp. 135-137.

28   상게서, pp. 170-171.

29   상게서, p. 229.

30   상게서, pp. 295-296.

31   상게서, pp. 344-346.

32   崔相錄 外(1995). 前揭書, p. 26.

33   羅正日(2006). 「关于黑龙江省朝鲜族教育情况的调查」. 『黑龙江民族丛刊』 95(6), pp. 99-

요녕성 조선족학교는 1920년 이전에는 심양에 동선서당(東鮮書堂), 북산창흥서당(北山昌興書堂), 대동촌서당(大東村書堂) 등 9곳의 서당이 있었다. 1928년 9월 심양현(沈陽縣) 오가황(吳家荒) 삼십리보(三十里堡)에 있는 신흥학교(信興學校)가 심양 지역 최초의 현대식 교육을 시행했다.[34] 1936년 요녕지구 조선족 소학교 숫자를 보면, 보통학교 67곳, 기타학교 63곳, 서당 33곳, 유치원 6곳, 특수학교 16곳이 있었다. 1941년 조선족 중학교는 4곳이 있었다. 일본 패전 후 이 지역은 중국 국민당 정부가 관리했고 중화인민공화국이 성립되기 전까지 조선족학교는 소학교 150여 곳, 중학교 5곳이 존재했다.[35] 1965년 소학교는 175곳에서 2만 6,969명의 학생이 재학했고, 중학교는 14곳에 6,686명이 재학했다. 1977년 소학교는 112곳에서 1만 7,146명의 학생이 재학했고, 중학교는 60곳에서 1만 1,677명이 재학했다. 1980년대는 조선족학교가 가장 번창한 시기로, 1985년 소학교는 224곳에 1만 9,484명의 학생이 재학했고, 중학교는 34곳에 1만 1,458명이 재학했다.[36] 1993년 요녕성에 존재했던 조선족 유치원은 46곳이고 재학생은 3,671명이었다. 조선족 소학교는 단독학교가 152곳이었고, 중국 한족과 중국 조선족이 절반인 곳이 52곳 있었으며 재학생은 1만 8,468명이었다. 조선족 중학교는 30곳이었고 재학생은 9,231명이었다. 이 외에 중등사범학교 1곳에 재학생

105.

34 안병삼(2013). 「중국 요녕성 조선족학교 교가 연구」, 『한민족문화연구』 43, 한민족문화학회, pp. 75-76.

35 辽宁省教育志編纂委員會 主编(1989). 『辽宁省普通教育年鑑』. 沈阳: 辽宁大学出版社, p. 195.

36 위에서 설명한 요녕성 교육에 대한 자료는 대체로 다음을 참조했다. 辽宁省地方志編纂委員會办公室 主编(2001). 『辽宁省志·教育志』. 沈阳: 辽宁大学出版社, pp. 455-464.

505명이 있었다.[37] 2002년에는 조선족 소학교의 경우 58곳, 조선족 중학교는 29곳이 존재했다.[38] 2013년 2월 현지조사에 의하면, 조선족 소학교는 11곳, 조선족 중학교는 10곳, 조선족 유치원, 조선족 소학교, 조선족 중학교 등을 통합하여 운영하는 12곳의 통합 조선족학교가 존재했다.[39]

---

37   崔相錄 外(1995). 前揭書. p. 35.

38   이 기록은 재외동포재단과 교육부에서 공동으로 조사한 2002년 내부 자료인 중국 조선족학교 현황을 참조했다.

39   안병삼(2013). 전게 논문. p. 77.

3. 일본 조선학교와 중국 조선족학교의 학교문화

중국 조선족학교와 일본 조선학교의 교가 비교에 있어 가장 중요하고 비중 있는 것은 역시 가사 내용의 비교일 것이다. 중국 조선족학교의 교가 가사 내용과 일본 조선학교의 교가 가사 내용의 비교를 통해 중국과 일본에서 거주하는 세계 한민족의 정신세계와 현실세계를 관찰할 수 있을 것이다. 이러한 교가 내용의 비교를 통해 그들의 유사점을 발견할 수 있고, 또한 그들의 학교문화를 이해하는 데 많은 도움이 될 것이다.

조선학교의 교가 내용을 살펴본 결과를 보면, 첫째, 중국 조선족학교 교가와 일본 조선학교 교가에는 정치색이 짙게 나타났다. 구체적으로는 각각 공산당 찬양과 주체사상 찬양이 강하게 나타나 있었다. 중국의 조선족학교 교가와 일본 조선학교 교가에는 모두 공산당 찬양을 표현하는 가사 내용이 많이 등장한다. 중국 조선족학교는 사회주의 국가인 중국에 거주하는 현실의 반영이며, 일본 조선학교는 비록 일본이라는 나라에 조선학교가 세워졌지만, 북한이라는 사회주의의 지원으로 설립되어 학교 형태와 교육내용에서 북한의 영향을 많이 반영했다고 할 수 있을 것이다. 다음은 공산당을 찬양하는 일본 조선학교의 교가 가사 내용이다.[40] 가사 내용은 일본에 있는 재일동포에 의해 세워진

---

40   가나가와 조선 중·고급학교 교가 1절.

조선학교가 북한 아들딸의 배움의 보금자리이며 인민의 힘으로 세워진 진리의 학교임을 찬양하고 있다.

이국땅 요꼬하마 북녘에 우뚝 솟아
공화국 아들딸들 배움의 보금자리
인민이 세운 학교 진리가 욱어져
양양한 태평양도 우러러 찬양하네
용진 용진 우리는 영광의 기수
아~ 가나가와 조선 중 · 고급학교

교가 중심어 클라우드

다음은 중국공산당을 찬양하는 중국 흑룡강성 밀산시 조선족 중학교 교가이다.[41] 교가 내용은 다음과 같다.

---

[41] 밀산시 조선족 중학교 교가 1절.

봉밀산 우뚝 솟은 조국 변강에

근로의 교풍 이은 신형의 노동자

공산주의 설계도를 한 가슴에 안고

찬란한 당의 기치 높이 들고 나간다

아, 영광스런 밀산조선중학

교육방침 빛발 아래 길이 번영하리

교가 중심어 클라우드

　밀산시 조선족 중학교 교가에는 당의 기치를 높이 들고 나아간다는 공산당 찬양의 문구가 두드러진다. 동시에 공산주의 사회를 건설하려는 의지와 공산당을 따르는 당의 사람으로 자라고자 하는 내용도 포함되어 있다. 또 다른 공산당을 찬양하는 교가인 중국 흑룡강성 계동현 조선족 중학교 교가를 살펴보면 다음과 같다.[42]

　따사로운 당의 햇살 앞길 비추니

42　계동현 조선족 중학교 교가 2절.

행복한 학습 생활 주렁 지는 곳
자애론 원예사의 보살핌 속에
새 일대 자라나는 행복의 요람
나아가자 동무야 교풍을 빛내며
배움의 만리 길에 나래 펼치자

교가 중심어 클라우드

위에 제시한 계동현 조선족 중학교 교가의 중심 내용은 공산당의 따스한 빛으로 행복한 곳이 학교이며, 이러한 학교에서 학생들이 행복하게 자라나고 있다는 내용을 담고 있다. 조선족학교 교가에 나타난 공산당 찬양은 대부분이 공산당의 따뜻한 품속에서 어린 학생들이 행복하게 잘 자라나고 있다는 '공산당 햇살론'을 주장하고 있다. 따라서 배움의 요람인 조선족학교에서는 국가가 주는 사랑에 보답하고자 국가가 원하는 학생, 국가를 위한 학생들의 양성이 무엇보다 중요한 임무라고 표현하고 있다.[43]

---

43   안병삼(2013). 전게 논문, p. 101.

이러한 조선족학교 교가의 사회주의 찬양은 중국 현지에 거주하는 조선족학교의 생존을 위한 현실 타협적인 측면과 절대 부정할 수 없는 사회주의 체제에 거주하는 조선족의 한계이자 넘을 수 없는 정치적 장벽이라 할 수 있을 것이다. 일본의 조선학교는 사회주의가 아닌 자본주의 현실에서 살고 있지만, 북한이라는 지원과 은혜를 받은 상황에서 조국에 대한 고마움의 자발적 표현이 강하다고 할 수 있을 것이다. 일본 조선학교 교가에 나타난 사회주의적 특징을 좀 더 살펴보면, 북한의 주체사상이 직접적으로 표현된 사례도 있다. 또한 가사 내용에는 개인숭배 사상이 표현된 경우도 가끔 엿보인다. 가령, 가사 내용은 조선학교에 대해 어버이 수령을 노래한다거나 조선사람 키우라고 수령님이 세우셨다거나 수령님 세워주신 배움터 등 배움의 소망과 조선사람의 육성, 그리고 통일조선을 위한 말과 글 등 북한의 지원에 대한 고마움에 대한 직접적인 표현들이 많이 등장하고 있다.

(1절)　배움의 기쁨이 노래로 넘쳐나고
　　　　행복한 웃음이 저절로 피어나니
　　　　이 땅에 길이길이 전해지는 노래 많아도
　　　　어버이 수령님을 우리는 노래하네

(2절)　배움의 소망은 피맺히게 간절해도 그 누가 알았으랴
　　　　우리 학교가 서리라고
　　　　하나부터 열까지 걸음마를 배워주며
　　　　조선사람 키우라고 수령님이 세우셨네

(3절)　이 세상에 배움터는 많기도 하지만
　　　　수령님 세워주신 배움터가 좋아라
　　　　말과 글 배우고 배워 민족의 자래우며

통일조선 내다보며 우리는 자라나네

(후렴) 아~ 이 세상 행복과 영광 다 안으며

야마구찌 조고여 영원히 빛나라[44]

교가 중심어 클라우드

둘째, 중국 조선족학교 교가와 일본 조선학교 교가에는 민족의식 고취가 잘 드러나는 경우가 더러 있다. 중국과 일본의 민족학교 교가에서 공산당 찬양 다음으로 많이 표현된 것은 민족에 대한 자부심을 표현하는 민족사상의 배양이라 할 수 있을 것이다. 이러한 민족학교의 민족의식 고취는 학생들이 비록 타국에서 살지만 쉽게 잃어버릴 수 있는 민족정체성을 유지하는 데 목적이 있다고 하겠다. 중국과 일본 민족학교 가사 내용의 차이점은 일본 조선학교 교가에는 '수령', '조선사람', '통일조선'과 같이 조선학교의 존재 이유와 함께 북한을 찬양하는 것이 특징적이라 할 수 있다. 다음의 도쿄 조선 제2 초급학교 교가 내용에서 보는 바와 같이 민족문화, 대대손손 동포들의 높은 뜻 등은 민

---

44   야마구치 조선고급학교 교가.

족의식의 대표성을 보여주고 있는 용어들이라 할 수 있을 것이다.

(1절)　백두의 슬기로운 정기를 이어
　　　　찬란한 민족문화 기상을 담아
　　　　에다가와에 우뚝 섰네 배움의 전당
　　　　그 이름 도꾜 조선 제2 초급학교

(2절)　대대손손 동포들의 높은 뜻 이어
　　　　아버지 어머니의 정성을 모아
　　　　아담하게 꾸려진 우리의 배움터
　　　　그 이름 도꾜 조선 제2 초급학교

(후렴)　애족 애국 학교 자랑 가득 가지고
　　　　지덕체 닦고 닦아 기둥이 되자
　　　　부강한 통일조선 주인이 되자[45]

교가 중심어 클라우드

45　　도꾜 조선 제2 초급학교 교가.

구한말 일제가 한반도를 불법 강점한 시기에도 그랬듯이 1949년 중화인민공화국이 성립된 이후에도 중국 조선족은 자신만의 고유한 민족의식을 키우기 위해 부단히 노력했다. 다음에 제시한 것은 민족 의식이 가장 잘 나타난 장백 조선족 자치현 제2 중학교 교가의 내용이다.[46]

장백산을 굽이돌아 흐르는 압록강변에
광복의 나날 일 떠 세운 희망찬 배움터
은혜로운 햇빛 아래 백의 후손 키워내어
억센 나래 펼쳐가며 민족 위훈 떨치네
아 자랑찬 우리의 장백 2중
민족 넋을 키워가는 배움의 요람일세

교가 중심어 클라우드

---

46   저자가 학교를 방문하여 수집한 학교 소개 책자에 수록된 교가이다. 이 교가는 현재 장백 조선 족 중학교 교가로 사용되고 있다.

장백 조선족 자치현 제2 중학교 교가의 특징은 '백의 후손', '민족 위훈', '민족 넋' 등 한민족의 민족의식을 고취하는 단어가 많이 나타나고 있는 점을 파악할 수 있다. 중국 조선족이 중국에서 타향살이하면서도 한족과는 다른 한민족 고유의 민족의식을 고취하기 위해 노력했고, 이러한 노력은 어린 학생들에게 한민족의 자부심을 느끼게 했을 것으로 생각된다.

여기에서 주목해야 할 점은 중국 조선족학교와 일본 조선학교에서 공통으로 민족정신을 가장 잘 나타내고 있는 대표적인 용어로 '백두산'을 많이 사용하고 있다는 점이다.[47] 이러한 중국과 일본 한민족이 고취한 민족의식의 공통점은 전통적인 '백두산 정기론'을 중국 조선족학교와 일본 조선학교의 교가에 함께 사용하고 있다는 증거라 할 수 있을 것이다. 이러한 민족학교 교가에서 대표적인 용어 사용의 증거를 통해 비록 다른 국가에서 살아가고 있지만 그들은 여전히 한민족의 정신을 소유하고 있음을 엿볼 수 있을 것이다. 다만 중국 조선족학교에서는 백두산을 장백산으로 부르고, 일본 조선학교에서는 백두산을 그대로 백두산으로 서로 달리 부른다는 점은 서로 다른 국가에 거주하는 민족의 위치와 환경을 대변해주고 있다고 할 수 있다. 즉 중국 조선족학교는 중국의 입장, 일본 조선학교는 북한의 입장을 확실히 표현하고 있다.

셋째, 중국 조선족학교 교가와 일본 조선학교 교가에는 배움의 전당이라는 순수한 학교의 역할을 표현하고 있다. 하지만 민족학교의 배움의 목적은 확연히 다르게 나타나고 있다. 학교 본연의 임무는 학생

---

47   백두산을 민족의 정기로 나타낸 표현은 많이 등장한다. 대표적인 예로, 도쿄 조선 제1 초·중급학교 교가에도 백두산이 등장한다. "백두산 푸른 천지 영용한 정기~~" 도쿄 조선 중학교 교가에도 등장한다. "백두산 줄기찬 힘 제주도 남쪽까지 오천만 하나되여~~"

들을 가르치는 것이며 학교는 배움터라 할 수 있다. 따라서 어떠한 특정 사상보다 아이들을 가르친다는 본연의 임무에 충실하는 것이 무엇보다 중요하다. 중국 조선족학교 교가와 일본 조선학교 교가 역시 정치적 색채와 다양한 사상적 배경을 가지고 있지만, 학교가 아이들의 배움의 전당이라는 사실은 전혀 부인하지 않고 교가에 그대로 표현했다. 여기서 주의할 점은 이러한 민족학교의 배움과 가르침의 목적이다. 이것은 각각의 동포들이 처한 사회적 환경을 벗어나지 못했다는 사실이다. 학교라는 배움(터)의 강조가 모든 시대를 아우를 수 있는 학교 본연의 의무라고 순수하게 생각할 수 있지만, 중국 조선족학교의 경우 사회주의 건설의 이바지에 공헌한다든가 중국의 발전에 이바지한다든가 중화사상 고취, 조선 민족의 번영을 위해 노력한다는 점 등 배움의 목적을 표현하고 있고, 일본 조선학교의 경우 조선의 발전과 김일성 수령의 아들딸이 되고 나라의 기둥이 되고 통일의 주역이 되자는 등 배움의 목적을 명확히 제시하고 있다. 가령 다음에 제시한 일본 사이타마 조선 초·중급학교 교가 내용을 살펴보자. 가사 내용에서 애국 향기, 내 나라말과 글, 애국 지성 배움터, 민족의 넋 등에서 조선학교의 배움의 목적이 명확하게 표현되고 있다.

(1절) 이국 산천 오미야에 붉게 핀 진달래
          교문 안에 들어서니 애국 향기 풍겨주네
          아 그 향기를 이 가슴에 받아 안고
          내 나라말과 글을 여기서 배워가네

(2절) 동포들의 애국 지성에 꽃피는 배움터
          희망의 꽃 피워주는 종소리도 드높아라
          아 찬란한 해와 별빛 비춰 주는 곳

앞날의 주인으로 몸과 마음 다져가네

(후렴) 아~ 사이타마 우리 조선 초·중급학교
        떨치자 민족의 넋 지켜가자 우리 학교[48]

교가 중심어 클라우드

다음에 제시하고 있는 중국 조선족 하얼빈시 조선족 제2 중학교 교가[49] 역시 배움(터)의 중요성을 강조하고 있다.

아, 아 빗발친다. 우리 조2중 창조의 요람이다

우리 조2중 탐구의 불길이 이글거린다

지식의 불꽃이 번쩍거린다

아, 가슴 뜨겁게 청사에 빛내가자 우리 조2중

---

48 사이타마 조선 초·중급학교 교가

49 하얼빈시 조선족 제2 중학교 교가 2절이다. 출처: 이 교가를 작곡한 백설봉 선생님 제공.

교가 중심어 클라우드

하얼빈시 조선족 제2 중학교 교가 내용을 살펴보면 학교는 창조의 요람이자 탐구의 불길이 이글거리는 곳이라고 말하고 있다. 또한 지식의 불꽃이 번쩍거리는 곳이라고 표현하고 있다.

넷째, 일본 조선학교 교가 내용에는 개인숭배 사상이 강하게 나타나 있다. 이러한 특징은 중국 조선족학교 교가에서는 찾아보기 힘든 점이라 할 수 있다. 비록 중국의 문화대혁명 시기에 모택동에 대한 개인숭배 사상이 강한 적이 있었지만, 그것은 일시적인 사회 전반에서 불었던 광풍에 불과했다. 하지만 일본 조선학교 교가에는 북한 김일성 부자에 대한 개인숭배가 강하게 나타난 경우가 더러 있다. 가령 다음에 제시한 야마구치 조선고급학교 교가의 가사 내용에서 "수령님께 충직한 아들딸", "어버이 수령님", "조선사람 키우라고 수령님이", "수령님이 세워주신 배움터" 등을 보면 중국 조선족학교와는 다른 일본 조선학교의 개인숭배 사상의 특징이 잘 나타나 있다.

(1절)　조국 멀리 이역에서 자라나는 우리들을
　　　　사회주의 조국의 어엿한 일군 되라

조국을 사랑하는 부모들과 동포들이

이곳에서 제일 좋은 학교를 세웠다네

(후렴)　아, 자랑찬 학원에서 마음껏 배워

수령님께 충직한 아들딸이 되렵니다[50]

교가 중심어 클라우드

(1절)　배움의 기쁨이 노래로 넘쳐나고

행복한 웃음이 저절로 피어나니

이 땅에 길이길이 전해지는 노래 많아도

어버이 수령님을 우리는 노래하네

(2절)　배움의 소망은 피맺히게 간절해도

그 누가 알았으랴 우리 학교가 서리라고

하나부터 열까지 걸음마를 배워주며

조선사람 키우라고 수령님이 세우셨네

(3절)　이 세상에 배움터는 많기도 하지만

50　오사카 조선고급학교 교가 1절. 이 학교의 교가 제목은 "수령님께 충직한 아들딸이 되렵니다"
　　이다.

수령님 세워주신 배움터가 좋아라

말과 글 배우고 배워 민족의 넋 자래우며

통일 조선 내다보며 우리는 자라나네

(후렴) 아~ 이 세상 행복과 영광 다 안으며

야마구찌 조고여 영원히 빛나라[51]

교가 중심어 클라우드

다섯째, 일본 조선학교 교가 내용에는 한반도 내의 한민족 역할에 대해 구체적으로 지적하고 있다. 중국 조선족학교에서는 한반도 내에서의 조선족 역할을 말하는 가사 내용은 없지만, 일본 조선학교에서는 조국 통일의 역할을 노래하고 있다. 조국 통일에 대한 열망에서 가장 눈에 띄는 점은 북한이 계속 주장하고 있는 '미군 철수'라는 정치적 구호가 교가에도 등장하고 있다. 조선학교 교가 내용에 나타나고 있는 조선학교의 역할을 구체적으로 짚어보면 혁명 전통 등대, 조국 통일,

---

51   야마구치 조선고급학교 교가. 이 학교의 교가 제목은 "위대한 수령님의 사랑을 영원히 전하리라"이다.

지상낙원 임무, 조국 사랑, 민족의 원수, 남조선 침략자, 통일 등에 잘 나타나고 있다.

    (2절)   사회주의 내 나라의 자랑 높은 민족문화

                    배워가는 우리에게 혁명 전통 등대로다

                    원수 미제 몰아내고 조국 통일 이룩하여

                    지상낙원 꾸려나갈 그 임무도 크고 높네

    (후렴)   젊은 가슴 희망 품고 교정 안을 들어서니

                    조국 사랑 넘쳐 풍겨 따사로이 안아주네

                    무쇠 팔뚝 두 다리에 불을 뿜듯 용기 솟고

                    우리 심장 붉은 심장 불덩이로 타오르네[52]

교가 중심어 클라우드

---

[52]   조선대학교 교가 2절.

원폭으로 많은 동포 희생된 원한의 땅

민족의 원수들을 우리 어찌 잊을쏘냐

남조선을 강점한 침략자를 몰아내고

조국을 통일하자 히로시마 조선중 · 고급학교[53]

교가 중심어 클라우드

여섯 번째, 중국 조선족학교 교가와 일본 조선학교 교가들은 제목이 있다. 중국 조선족학교 교가와 일본 조선학교 교가는 대부분 '조선㈜학교 교가'라는 명칭으로 널리 사용하고 있지만, 몇몇 학교에서는 특별히 교가의 제목을 제시하는 경우가 있었다. 민족학교의 교가에 제목이 제시되어 있는 일본 조선학교와 중국 조선족학교의 교가를 살펴보면 다음 〈표 14〉, 〈표 15〉와 같다.

---

[53] 히로시마 조선 중 · 고급학교 교가 2절.

<표 14> 일본 조선학교 교가 제목

학교	교가 제목
홋카이도 초·중·고	언제나 우리 함께
오사카 조선고급학교	수령님께 충직한 아들딸이 되렵니다
야마구치 조선고급학교	위대한 수령님의 사랑을 영원히 전하리라
도슌 조선 초급학교	빛나라 우리의 배움터
가나가와 조선 중·고급학교	한없이 부럽다고 모두 다 말합니다
미나미오사카 조선 초급학교	하나 되어 지켜가리

<표 15> 중국 조선족학교 교가 제목

학교	교가 제목
녕안시발해진조선족소학교	빛나라 발해 조선족 소학교
하얼빈시동력구조선족소학교	동력 소학의 노래
밀산시조선족소학교	행복의 요람
목릉현향양툰원동소학교	독립군의 노래
철력시조선족소학교	우리학교
오상시조선족중학교	배움의 꿈나무
목단강시조선족중학교	빛나라 목조중
라북현조선족중학교	용맹을 떨치자 라북조중
소가툰구조선족중심소학교	배움의 요람
영구시조선족고급중학교	사랑스런 우리학교 배움의 요람이여
장춘시관성구조선족소학교	푸른 꿈의 요람
매하구시제2중학교	자랑찬 매화2중
통화현조선족중학교	희망찬 우리학교
왕청제5중학교	지식의 샘터
하얼빈시조선족제2중학교	청사에 빛내가자
상지시조선족중학교	배움의 무궁화
해림시조선족중학교	빛나라 해림조중이여
계동현계조선족중학교	빛나라 계림중학

학교	교가 제목
계서시조선족중학교	빛나라 계조중
동녕현조선족중학교	우리학교
밀산시조선족중학교	길이 빛나라 밀산 조선 중학이여
밀산시초급중학교	길이길이 빛나라 밀산 중학교
무순시리석채조선족소학교	세월 속에 빛나라 길이 빛나라
단동시조선족중학교	배움의 요람
매하구시제11중학교	번영하는 발자취
장춘시제2조선족중학교	신나는 배움터
도문철도실험소학교	배움의 요람

그 밖에도 중국과 일본의 민족학교에는 한 개의 학교가 여러 개의 교가를 가진 사례도 있었다. 이것은 민족학교의 교장이 바뀌면서 시대에 맞게 교장이 주도하여 기존의 교가를 새 교가로 대체했기 때문에 발생한 것으로 보인다. 일부는 교가의 존재 여부를 모르고 새 교가를 만드는 경우가 있었다. 특히 흥미로운 것은 중국 조선족학교 교가 내용은 중국어 가사로 많이 보편화되어 있으나 일본 조선학교 교가는 일본어로 된 교가보다는 한글로 된 교가가 대부분이고, 가끔 일본어로 번역하여 부르는 경우가 있었다.

4. 세계 한민족학교의 특징

　19세기 이후 본격적으로 이동하게 된 세계 한민족은 그들이 정착한 곳곳에서 활동하고 있다. 이들 세계 한민족이 있는 곳에는 반드시 민족학교가 세워져 민족정체성 유지의 역할을 충실히 담당하고 있다. 중국 조선족학교나 일본 조선학교 역시 비록 각자의 환경에 따라 역사적으로 변화되어온 부분도 있지만, 아직도 여전히 그들은 먼 타국에서 민족문화를 계승하려고 노력하면서 그들 자녀에게 민족의식을 심어주려고 노력해오고 있다. 이 장은 이러한 사례로서 중국 조선족학교 교가와 일본 민족학교 교가 내용을 비교 분석하여 그 특징을 파악하고자 했다. 해방 이후 대부분의 중국 조선족학교와 많은 일본 조선학교들이 시대적 배경과 정치적 상황에 따라 다양한 교가를 만들어 학생들에게 보급하여 부르게 했다. 이들 교가는 마이너리티 집단으로서 당시의 정치적 상황과 그들이 처한 사회적 상황을 그대로 반영하고 있다고 볼 수 있다.

　분석 결과, 중국 조선족학교 교가와 일본 조선학교 교가 내용에 나타난 특징은 다음과 같이 제시할 수 있다.

　첫째, 중국과 일본의 민족학교의 교가 내용은 정치색이 짙은 것으로 파악되었다. 이들 가운데는 비교적 정치색이 약한 교가도 일부 존재했지만, 대부분은 정치색이 매우 강한 것으로 나타났다. 이러한 사실은 중국 조선족학교의 경우 한국의 영향을 받기보다는 중국 정부의 영향을 많이 받았기 때문으로 풀이된다. 중국이 사회주의 국가이고, 중국 조선족이 이러한 정치적 환경을 교가를 만드는 데 반영했기 때문일 것이다. 그러나 일본 조선학교는 북한과 수령, 태양 등의 개인숭배 사상이 짙게 나타나는 특징을 보인다. 이러한 배경에는 일본 조선학교가 일본의 정치적인 영향보다는 물질적인 지원 등 북한의 직접적인 경제적 영향을 더욱 많이 받았기 때문으로 풀이된다.

둘째, 중국과 일본의 민족학교 교가 내용에는 민족의식 고취 정신이 잘 표현된 것으로 나타났다. 중국과 일본의 민족학교 교가에서 정치적인 색채를 제외하고 가장 많이 다루고 있는 내용은 민족의식으로 가사 내용에서도 반복적으로 등장하고 있다. 이러한 현상은 외국에 존재하는 세계 한민족학교의 공통점이기도 하지만, 특히 일본 조선학교에서는 민족에 대한 자부심을 배양하기 위한 목적이 강하게 반영된 것으로 나타났다. 그 이유는 일본이라는 식민주의로부터의 해방과 경험을 바탕으로 말과 글의 중요성을 새삼 깨달았기 때문일 것이다.

셋째, 중국 조선족학교 교가와 일본 조선학교 교가에는 배움의 전당이라는 순수한 학교의 역할을 잘 표현하고 있는 경우도 발견되었다. 그러나 중국과 일본의 한민족학교에서 말하는 배움의 목적은 매우 다른 것으로 나타났다. 중국 조선족학교의 배움의 목적은 사회주의 건설에 공헌, 중국의 경제발전에 공헌, 중화사상 고취, 조선 민족의 번영을 위해 노력한다는 등이 강했다. 그러나 일본 조선학교의 배움의 목적은 북한의 발전과 김일성 수령의 아들딸이 되고, 나라의 기둥이 되고, 조선사람으로 자라는 것, 통일의 주역이 되는 것 등을 강하게 표현하고 있었다. 중국 조선족학교는 대국의 소수민족으로서 중국 사회주의 건설이라는 목적이 분명하고, 일본 조선학교는 북한의 아들과 딸이 되자는 목적이 강한 것으로 나타났다.

넷째, 중국과 달리 일본 조선학교는 개인숭배 사상이 나타나 있다. 이러한 특징은 중국 조선족학교 교가에서는 찾아보기 힘든 점이었지만 일본의 조선학교 교가에서는 자주 나타났다. 개인숭배 사상이 직접적인 표현보다는 다른 용어로 대체되어 나타나는 경우가 있었는데, 대표적으로는 수령, 태양, 백두산 등 다양한 표현이 사용되고 있었다.

다섯째, 민족학교 교가의 내용은 한반도 내의 한민족의 역할에 대해 잘 전달하고 있다. 중국 조선족학교 교가에서는 한반도에 대한 어떠한 언급도 찾아보기 힘들지만, 일본 조선학교 교가에서는 한반도의 통일과 민족통일을 위한 방법까지 자주 등장했다. 이것은 일본 조선학교가 아무래도 북한의 영향을 많이 받은 것으로 보인다.

여섯째, 중국과 일본 민족학교 교가에 제목이 붙여진 경우가 더러 있었다. 중국 조선족학교 교가와 일본 조선학교 교가 중에는 교가의 제목을 따로 사용하는 경우가 존재했다. 일반적으로 일본 조선학교에서는 조선학교 교가라고 지칭하고 있지만, 교가의 제목을 따로 붙인 예도 있었다. 중국 조선족학교의 경우 배움의 요람 등 배움터를 강조한 것이 특징이고, 일본 조선학교의 경우는 배움터나 수령님까지 가사 내용이 다양하게 나타났다.

이상에서 살펴본 바와 같이 이 장은 세계 한민족 중에서 중국 조선족학교와 일본 조선학교의 교가 내용을 분석했다. 중국 조선족학교와 일본 조선학교 등 많은 학교에서는 사회적 배경과 정치적 상황에 따라 다양한 교가를 만들어 학생들에게 보급하여 부르게 했다. 중국과 일본에 존재하는 민족학교 교가 내용의 분석을 통해 세계 한민족학교 교가의 유사성을 발견하는 것은 두 나라의 사회적 상황을 이해하고 더 나아가 그 나라의 한민족을 이해하는 데 많은 도움이 될 것으로 확신한다.

향후 연구에서는 중국과 일본뿐만 아니라 중앙아시아와 미국 등 다른 지역에 설립된 세계 한인학교의 교가들에 대한 다양한 분석이 논의되어야 할 것이다.

VI

일본 정부의
외국인 정책과
재일동포의 미래

1. 일본 정부의 재일동포 정책

해방 전후 일본 정부는 구 식민지 출신자나 그 자손들인 재일동포를 대상으로 식민지지배에 따른 피해보상이나 원상회복의 아무런 조치 없이 외국인등록령에 따른 추방정책을 단행했다. 특히 일본에서 해방 전부터 구축되어온 천황제 중심의 '단일민족국가' 신화는 재일동포를 대상으로 일본 사회의 강압적인 동화정책을 강요하는 데 작용했다. 해방 전후 재일동포는 일본 국적을 소유하고 있었지만, 본국의 조선인은 독립과 함께 조선 국적자로 변경되었다. 일본 정부는 일본 거주 재일동포에 대해 1945년 12월 "호적법의 적용을 받지 않는 자의 선거권 및 피선거권은 당분간 정지한다"라고 발표했다.[1] 당시 일본 호적법은 일본 내지에만 적용되어 구 식민지였던 조선이나 대만에는 별도의 호적법을 적용했다. 일본 정부는 이러한 호적법을 활용하여 조선인의 권리를 박탈했다.

이와 같은 구 식민지 출신자에 대한 일본 정부의 권리박탈 시도는 1952년 공포된 유족 원호법에서도 유사하게 나타났다. 원호대상자가 일본 내지의 호적법 적용을 받는 자로 제한되어 많은 조선인 유족들이 원호 수급 대상에서 자격을 박탈당했다. 구 식민지 출신자의 국적에 대해서는 1952년 샌프란시스코강화조약 체결 전까지 유지되었지

---

1   佐藤文明(2009). 『在日「外国人」読本』. 東京: 緣風出版, pp. 68-69.

만, 이미 1947년 5월부터 재일조선인을 외국인으로 취급하는 외국인 등록령의 대상자로 삼았다. 그리고 1952년 대일평화조약 발효 이후 재일동포에 대한 민족차별은 국적 구분을 통해 일본 국적에서 한국적으로 합리화되었고, 해방 전부터 일본에 거주하고 있던 재일동포의 기본적 권리와 인권은 무시되었다. 1965년 한일기본조약 체결과 1970년대 시작된 재일동포 민족차별 철폐운동과 시민운동의 확대는 1980년대 지문날인 거부운동을 거쳐 2000년 4월 일본 정부가 외국인등록법상의 지문날인제도를 폐지하도록 작용했다. 특히 1989년 일본 출입국관리법 개정은 당시까지만 해도 이민을 수용하지 않던 일본 정부의 외국인 이민수용 정책을 실질적으로 전환했다. 또한 이 법은 브라질이나 페루 등 중남미 일계인의 일본 취업을 자유화함으로써 외국인노동자 도입정책을 적극적으로 허용했다는 데 의미가 있다.

그러나 2007년 11월 일본 정부가 테러리스트 입국을 방지한다는 목적으로 개정된 출입국관리법(출입국관리 및 난민인정법)에 따라 일본 국제공항과 항만에서 입국 및 재입국을 희망하는 16세 이상의 모든 외국인으로부터 생체정보(지문 및 사진)를 제공하도록 규정했다. 2009년 일본 정부는 당시 지방자치단체가 외국인에게 발행하던 외국인등록증 발급을 폐지하고 법무성 입국관리국이 직접 체류 카드를 발급하고 지방자치단체는 외국인 대장만 작성한다는 방침을 정했다. 일본 정부의 새로운 입국 체류 관리제도는 체류 카드가 제도의 핵심 사항으로, 일본에서 생활하는 16세 이상의 외국인(특별영주자 제외)을 대상으로 IC칩이 등록된 카드를 받아 상시 휴대하도록 의무화하고 있다.[2]

이 장은 1945년 해방 이후 일본 정부의 재일동포 정책을 회고하고

---

2   佐藤信行(2010). 「日本の外国人政策と在日コリアン」. 『調布ムルレの会シリーズ』13, pp. 1-13.

전망하는 데 중점을 두고 있다. 일본은 한국과 가장 가까운 이웃이며 해방 이후 70년이 경과한 시점에서 식민지 지배 경험과 90만 명 이상의 재일동포가 여전히 생활하고 있는 국가이지만, 재일동포 정책에 관한 연구가 지금까지 미흡했다. 이러한 측면에서 이 연구가 재일동포 정책 연구를 통해 그들을 이해하는 데 조금이라도 이바지할 수 있기를 바란다.

이 연구는 일본 거주 재일동포 정책에 대해 국적변경과 정주의 본격화라는 측면에서 크게 미군 점령기 일본인 국적 시대(1945~1952년), 한국적 혹은 조선적 재일동포의 확립기(1952~1991년), 1990년대 입국관리법 개정 이후 다문화 공생사회와 정주화(1991~2000년대)라는 세 가지 측면에서 순서대로 살펴보고자 한다.

2. 일본 정부의 재일동포 정책 추이

1) 해방 이전 식민지 조선정책과 재일동포

1945년 해방 직후 일본에서 북한지역으로 재일조선인의 이동은 전체 귀환자 50만 8천 명 가운데 9,701명 정도로 작은 규모였다. 그 이유는 일본 정부의 식민지정책 결과에서 기인한다. 가령, 1937년 일본 체류 재일조선인은 약 96만 명으로, 태평양전쟁이 개시된 1941년 약 146만 9천 명에서 1942년에는 162만 명 정도로 대폭 증가했다. 이처럼 태평양전쟁 전후 일본 내 재일조선인 수가 급증했는데, 그 이유는 일본 청년들이 전쟁터로 내몰리고 있는 상황에서 공장과 탄광, 농촌 등 일손 부족 지역에 조선 청년들을 채워 넣었기 때문이다.[3] 이것이 조선인 강제징용의 직접적인 계기가 되었지만, 남쪽에서는 주로 일본에서 가까운 경상도, 전라도, 제주도 출신 청년들을 일본으로 데려갔고 북쪽에서는 주로 만주로 데려갔다. 이에 따라 해방 당시 대부분의 재일동포는 남쪽 출신자들이었으며, 북쪽 지역 출신자는 전체 5%에도 미치지 못했다.

재일동포는 1945년 해방 이전 일본에서 치러졌던 선거에 참여할 수 있는 제국 신민이었으며, 그 대신에 일본인으로서 전쟁에 동원되었

---

3   李進熙(2010). 「日本の外国人政策と在日コリアン」. 『調布ムルレの会シリーズ』 13. pp. 17-19.

다. 1945년 한반도가 일본으로부터 해방되었지만, 일본에서 생활하던 재일동포는 여전히 일본식 이름이나 일본어 사용 등 동화정책을 강요당했다. 해방정국 당시 240만 명 정도였던 일본 체류 재일동포는 각각 남북한의 해방 조국으로 귀환했으며, 60만 명 정도가 일본에 잔류했다. 일본에서 귀환 당시 재일동포는 현금 1천 엔과 몸에 지니고 탈수 있는 정도의 수화물이 허용되었다. 일본 잔류를 선택한 재일동포는 1952년 샌프란시스코강화조약으로 미군 점령군과 일본 정부에 의해 국적이 상실되었다. 이렇게 구 식민지 출신의 재일동포는 일본에서 국적 상실로 인해 일본 국적자에서 '재일외국인'으로 전환되었다.[4] 이때 미군 점령군에 의해 만들어진 법률이 '외국인등록법'으로 당시까지 존재하지 않았던 지문등록제도에 의해 재일동포는 재일외국인으로서 일본 관할구청에 지문을 등록해야 했다.

1945년 일본의 패망, 그리고 약 7년간 이어진 미군 점령군(GHQ)에 의한 일본 통치로부터 1952년 일본이 미군 점령군으로부터 독립된 이후 재일동포는 외국인으로 전환되었다. 개인적으로 어떠한 국적 선택권도 없이 일방적으로 일본 정부에 의해 외국인으로 전환된 재일동포는 당시 일본 국적을 취득하기 위해서는 귀화하는 길밖에 없었다. 이로써 당시 일본 내 외국인의 90% 이상을 차지하고 있던 재일동포는 재일외국인으로서 지문날인을 강요당하게 되었다. 이와 더불어 1952년 4월 30일 일본 정부에 의해 원호법(전상병자 전몰자 유족 등 원호법)이 만들어졌다. 이 법은 일본 정부가 전쟁에서 죽거나 다친 사람들에게 보상하기 위한 법률로 적용 대상에서 국적 조항이 등장하게 되었다. 그러나 해방 이전 일본인으로서 전쟁에 참여했던 재일동포는 국적 조항의

---

4   이 조약으로 인해 재일동포의 지위가 국적 구분으로 일본 국적자에서 외국인으로 전환되었다.

<표 16> 일본 정부에 의한 조선인 호적법의 적용(1945년 12월)[5]

지역적 호적 구분	대상	호적법 적용
내지 호적	일본인 민적	일본 호적법 적용
외지 호적	조선인 민적	조선 호적령
	대만인 민적	대만 호구 규칙

적용으로 외국인으로 취급되어 원호법 대상에서 제외되었다.

위의 〈표 16〉에 제시한 바와 같이 일본 호적법은 본토(내지)에만 적용되어 구 식민지였던 조선이나 대만에는 별도의 호적법(조선 호적령, 대만 호구 규칙)을 적용했다. 당시 국적이 같은 일본적이라도 호적은 민족에 따라 대만 민족적, 조선 민족적으로 구분되어 호적과 민적으로 불렀다. 식민지 시기 일본 국적은 호적, 국적, 민족이라는 세 가지 형태를 띠고 있었다. 이러한 국적 구분을 기준으로 일본 정부는 1947년 5월 외국인등록령을 계기로 1952년 7월에는 재일동포를 대상으로 외국인 등록증의 갱신과 지문 날인을 강요했다. 이는 당시 조선인을 대상으로 한 치안 대책의 하나로 단속강화가 주요 목적이었기 때문에 동포들의 맹렬한 반대운동에 부딪혔다. 이뿐만 아니라 일본 정부는 1952년 외국인화된 재일동포를 대상으로 신분증명서 상시 휴대, 공영주택 입주 제한, 국민연금 배제, 아동수당 제외 등을 시행했다. 일본 정부는 국적 조항에 따라 일본 국민만(자국중심주의)을 대상으로 한 시스템을 만들기 시작했다.[6] 일본 국적법은 1984년 '부모 양계주의'가 도입될 때까지 아

---

5 佐藤文明(2009). 前揭書, pp. 68-69를 참조하여 필자가 작성. 일본 정부는 호적(민적) 상호 간의 이전에 대해 "아내가 남편의 집으로 들어간다"라는 규정으로 혼인한 아내에게만 허용했다. 양자의 경우를 제외하고 남성의 이전은 제한했다. 이러한 규정은 해방 전후 일본 정부에 의해 국가=민족의 경계선으로 해석되어 호적 절차상 재일조선인 구분 짓기의 기준이 되었다.

6 田中宏(2010). 「日本の外国人政策と在日コリアン」, 『調布ムルレの会シリーズ』 13, pp. 59-87.

버지가 일본인인 자녀의 경우 일본인으로 간주하고, 어머니가 일본인인 자녀의 경우 일본 국적 취득이 허용되지 않았다.[7]

2) 미군 점령기 재일동포 정책(1945~1952년)

1945년 8월 일본의 패전과 더불어 미군 점령군의 일본 통치에 있어 군사적인 업무 관할은 막료부, 군정은 연합국 최고사령관 총사령부(GHQ)가 담당하게 되었다. 맥아더가 미국 태평양 육군 사령관과 연합국 군 최고사령관을 겸직했다. 같은 해 10월에는 미군 점령군의 점령 기구 정비 개편과 더불어 일본 각 도도부현에 점령군 주둔으로 미군 정부 등이 설치되었다.

1945년 6월 미군 점령군은 '민정 가이드 재일외국인'을 발표했다. 대상은 조선인과 대만계 중국인으로, 행동 방침은 다음과 같다. "조선인 도일의 역사는 1910년 조선 강제병합으로 시작되었다. 도일 배경에는 조선 농민에 대한 일본 자본 진출, 식민지정책, 조선의 인구 증가, 남한 소작 농민의 빈곤 악화 및 농민의 일본 데카세기 진출 등이다. 사회적 지위는 매우 낮고 일본인에게 멸시받고 있으며, 일본인으로 동화하지 않고 일본 사회로부터 격리되어 열악한 생활을 영위하고 있다. 재일조선인은 일본 정부의 동화정책에 따라 협화회를 중심으로 활동하고 있다"[8]는 것이었다. 이러한 상황에서 미군 점령군의 주요 목

---

7   일본은 1984년 '부모 양계 혈통주의'를 도입하여 자녀가 태어날 때 아버지 또는 어머니가 일본인이면 일본 국적을 취득할 수 있게 되었다. 출처: https://matome.naver.jp/odai/2146853219338280101/2146855116754387903(검색일: 2018.07.09)

8   権寿根(2008). 『戦後在日朝鮮人の民族教育擁護闘争: 「4・24阪神教育闘争」60周年を記念して』. 在日朝鮮人兵庫県民族教育対策委員会, p. 8.

표는 "일본인에 의한 폭력 혹은 사회적 · 경제적 차별로부터 외국인 보호, 전범 용의자 및 협력자 구금, 본인 희망과 본국 정부 승낙 시 이들 외국인 보호, 일본 잔류 외국인에 대한 고용과 원조 제공" 등이었다. 특수 외국인 처우에 대해서는 "일본인의 폭행으로부터 재일조선인 보호, 재일아시아인 빈곤 대책으로서 고용과 구제 중시, 잔류조선인의 차별금지 노력" 등이었다.[9] 미군 점령군은 재일조선인의 일본 잔류를 상정하면서도 일본 정부의 경제적 부담과 사회적 혼란을 이유로 동포들의 조선 귀환을 서둘렀다.

미군 점령군은 일본 항복문서 조인 후 미국의 대일정책 기본 방침인 '항복 후 미국의 초기 대일방침'을 발표한 바 있다. 여기에는 맥아더가 남한에서 직접 군정을 실시하면서 발령한 '군정법 제21호'에 의해 일본의 조선 통치 기구의 체제 유지와 총독부가 해방 직전에 발령한 법령은 효력을 가지고 있다고 판단하여 구 조선총독부의 일본인 행정관을 유임한다는 명령을 하달했다. 미군 점령군은 점령통치를 쉽게 추진하기 위해 초기 대응 방침에는 일본에 현존하는 정치형태를 활용한다고 규정했다. 이 규정에 따라 미군 점령군의 일본 통치는 일본 보수 세력의 일본 내 사회적 동요와 사회적 혼란 등의 주장을 받아들여 간접통치 형태로 일본의 구 관료체제를 유지하는 선에서 가닥을 잡았다. 이렇게 하여 재일조선인은 1946년 1월 '약간의 주변지역을 정치상 · 행정상 일본으로부터 분리하는 데 대한 각서'가 발령되기까지 미군 점령군과 일본 정부의 직접 통치를 받게 되어 이중으로 통치받는 상황이 전개되었다.

해방 후 재일조선인의 법적 지위에 대해 1945년 11월 미군 점령군

---

9   權寿根(2008). 上掲書, p. 9.

은 기본 지령에 따라 군사상의 안전이 허용되면 해방 인민으로 처우해야 하지만 일본인의 용어에는 포함하지 않는다는 태도를 분명히 밝혔다. 그러나 이들이 현재 일본 국민이기 때문에 필요한 경우 적국으로 처우한다는 이중적인 태도를 견지했다. 즉, 재일조선인을 해방 민족으로 처우하기도 하지만 일본 국민이기 때문에 필요한 경우 적국으로 간주한다는 것이었다. 이 규정은 1946년 6월 미군 점령군 극동위원회의 정책 결정에서 그대로 결정되어 같은 해 11월 '조선인 귀환에 관한 총사령부 민간정보교육국 발표'와 '조선인 지위 및 취급에 관한 총사령부 섭외국 발표'에서도 일본 국적 유지를 확인했다. 이러한 미군 점령군의 재일조선인에 대한 이중 법적 지위 규정은 당시 모호한 법적 지위로서 재일동포 사회의 반발을 불러왔다.

1945년 8월 15일 공식적으로 일본이 포츠담선언에 의해 패망을 선언하여 재일조선인은 해방을 맞이했다. 해방되자 일본 내 재일조선인 사회는 18일 도쿄 스기나미구에서 '체류 조선인 대책위원회', 22일에는 시부야구에서 '재일본조선인귀국지도자위원회'를 조직했다. 이들 양 단체가 통합되어 '재일본조선인회'를 발족했다. 이 단체가 나중에 '재일본조선인연맹'의 모체가 되었다. 1945년 9월 10일에는 산재한 단체들이 합류하여 '재일본조선인연맹중앙결성준비위원회'를 조직했다. 오사카를 중심으로 한 간사이 지방에서는 다양한 단체가 합류하여 '재일본조선인연맹관서총본부준비위원회'를 조직했다. 1945년 10월 15~16일 도쿄 히비야 강당에서는 일본에서 처음으로 재일조선인의 전국 조직이 모이게 되었다. 그러나 1945년 11월 홍현기를 중심으로 '조선건국촉진청년동맹', 1946년 1월 '신조선건설동맹'이 결성되었지만 곧 해산했고, 같은 해 10월 박열 단장을 중심으로 '재일본조선거류민단'을 결성했다.

해방 이후 재일조선인 귀환 정책은 미군 점령군의 지령을 일본 정부가 판단하여 구체적으로 정책화시키는 방향으로 흘러갔다. 일본 정부는 1945년 8월 30일 일본 외지로부터 귀환하는 일본인의 응급 원호 조치에 관한 구체적인 원호를 설치하여 일본인의 본국 귀환을 속속 진행했다. 8월 31일 일본 내무성은 약 240만 명에 달하는 재일조선인 가운데 노무자에 대한 귀환 지시를 내렸다. 그리고 1946년 12월 19일 '일본으로부터 집단 귀환 종료에 관한 총사령부 각서'를 공포하여 '귀환사무소'를 폐쇄함으로써 약 60만 명의 재일조선인이 일본에 잔류하게 되었다.

미군 점령군은 1941년 태평양전쟁 전후부터 일본에 관한 철저한 연구로 점령 이후 통치에 대해 구체적인 계획을 세우고 있었지만, 일본 식민지였던 남한에 관한 연구는 부족했다. 이 때문에 미군 점령군은 해방 이후 남한에서 친일파 총독부 관료, 경찰관, 식민지 기구와 간부들을 통치 관료로 활용할 수밖에 없는 구조였다. 그리고 이러한 남한 내 미군 점령군에 대한 반발은 1948년 제주도 4·3 민주항쟁 사건으로 표출되기도 했다. 거기에다 1948년 중국공산당 세력의 대두, 유럽에서 사회주의의 전개 등 대내외적으로 사회주의 세력이 맹위를 떨치던 시기였다. 이러한 상황에서 미군 점령군은 일본을 반공의 방파제로 삼기 위해 일본 내 공산당과 좌익 세력에 대한 대대적인 탄압을 전개했고, 조선인단체와 조선학교도 그 대상에 포함되었다.

결국 해방 후 미군 점령기 재일조선인정책은 1945년 11월 공포한 '일본점령 및 관리를 위한 지령'에 의해 "조선인은 군사상 가능한 선에서 해방 민족으로 취급했지만, 필요할 경우 적국인으로서 다룰 것"이라는 지령에서 명시하고 있는 바와 같이 이중적인 태도를 보였다.[10] 이

---

10   上揭書, pp. 351-355.

규정에 따라 미군 점령군은 해방 민족이었던 조선인을 또다시 일본의 지배하에 둠으로써 차별과 멸시의 대상이 되도록 방치했다. 이에 따라 재일조선인의 법적 지위는 애매모호한 규정으로 때에 따라 일본인과 조선인으로 구분되어 일본 정부의 재일조선인 관리 체제를 강화하는 데 활용되었다. 결국 해방 민족이었던 재일조선인의 민족적 권리가 미군 점령군과 일본 정부의 판단에 좌지우지되는 절반의 해방이라는 운명에 처하게 되었다. 여기에다 해방 초기 미군 점령군은 일본 보수 세력과의 연합으로 재일조선인을 통제하기 위해 1946년 4월 '재일조선인의 불법행위에 관한 총사령부 각서'를 발령했다. 이에 따라 미군 점령군은 재일조선인의 관리 체제를 일본 정부에 양보하는 꼴이 되었고, 일본 정부는 재일조선인을 일본 사회로부터 완전히 배제할 기회로 악용했다.[11] 일본 정부는 미군 점령군의 이러한 이중적인 재일조선인정책을 이용하여 총사령부 각서 발령 후 재일조선인에 대한 제도적 관리 체제를 강화했다.

이러한 미군 점령군의 관리 체제 아래에서 가장 큰 피해를 본 것이 재일동포가 설립한 조선학교였다. 1952년 샌프란시스코강화조약 체결까지 일본인으로 간주한 재일동포는 일본의 법률에 복종해야 한다는 미군 점령군의 정책과 일본 정부의 탄압으로 1949년 11월 조선학교 335개교를 강제로 폐쇄했다. 재일조선인은 식민지 동화교육으로 1945년 해방정국에서 민족교육에 대한 희망에 부풀어 있었지만, 미군 점령군에 의해 또다시 동화교육을 강요당하는 처지에 놓였다.

결국 미군 점령군의 재일조선인정책은 일본 통치를 쉽게 주도하기 위해 일본 보수 세력과의 연합으로 대중운동 단속령(1945년 10월), 조선인

---

11   上揭書, p. 352.

불법행위에 관한 총사령부 각서(1946년 4월), 외국인등록령(1947년 5월), 한신교육투쟁과 비상사태 발령(1948년 4월) 등으로 전개되었다.

　조선학교가 미군 점령군의 억압 대상이 된 이유에 대해서는 1947년 3월 공포된 트루먼 독트린 선언에 기인한다. 당시 미국의 극동아시아전략 실패로 조선의 군사기지화 전략, 일본의 반공기지화 역할, 그리고 가장 큰 이유로는 재일조선인의 조련 활동을 미군 점령군의 일본 점령정책의 방해꾼으로 생각했기 때문이다. 이 때문에 미군 점령군의 명령에 따르지 않는 재일조선인은 곧바로 조선으로 송환한다는 강경 태도를 보여 1948년 4월 24일 효고현에서 '제1차 고베 투쟁'이라는 비상사태선언이 발령되었고, 이후 최악의 사태로 발전했다.

　미군 점령군과 일본 정부의 조선학교 폐쇄는 1948년 4월 오카야마 사건, 24일 고베 사건, 26일 오사카 사건 등으로 확대 전개되면서 비상사태가 선언되었고, 이에 따라 '5·5각서'의 파기와 조련 해산을 초래했다. 이러한 상황에서 재일조선인의 법적 지위는 외국인 지위로서의 자주권 요구, 일본 국적자로서 일본 법률의 적용을 강요하는 이중적인 모순에 빠지게 되었다. 조선학교는 1948년 5월 10일 조련 중앙 총본부와 문부성이 합의한 '문부성과의 협정 내용에 관한 건'이라는 통지를 받고 1948년 12월까지 시행한 인가신청 기간에 문부성에 인가신청서를 제출하여 '재단법인 조련학원'으로 인가받을 예정이었다. 그러나 1948년 10월 19일 조련학교 92개교(소학교 68개교, 중학교 4개교, 고교 2개교)에 폐쇄를 통고했고, 다른 260개교(소학교 237개교, 중학교 17개교, 고교 6개교)에 대해서는 2주 이내에 사립학교 신청 절차를 밟도록 학교 개조를 권고했다. 그리고 11월 제2차 조치로서 개조 권고를 제출한 260개교 중 이에 응하지 않은 120개교를 폐쇄하고, 신청 절차 중이던 140개 학교 중 오사카 백두학원(초·중·고)만 사립학교로 인정하고 나머지 137개교에 대해서는 모두 불인정하여 총 349개교에 대한 폐쇄 명령을 단행했다.

1949년 9월 당시 요시다 내각의 문부성은 조선인학교에 대한 대안으로서 미군 점령군의 승인을 얻어 10월 조선학교를 일본 법률에 적용한다는 방침을 정하고 제2차 조선학교 폐쇄, 개조 조치를 단행했다. 이렇게 조선학교에 대한 제2차 폐쇄령 조치가 발령되어 제1회 때인 1949년 10월 도쿄조련소학교와 조련 중앙고등학원 등 2개교가 대상이었지만, 제2회 때인 1949년 11월 4일에는 조선학교 전체에 대한 전면적인 폐쇄 조치를 단행했다. 1952년 4월 샌프란시스코강화조약 발효를 계기로 재일조선인 교육정책은 일본 정부로 이양되어 국적 구분에 의한 외국인으로서 민족교육이 강조되었고, 1955년 총련의 결성과 1956년 일본 내 조선대학 창립으로 새로운 전기를 맞이하게 되었다.

3) 한국전쟁과 조련의 해산

1950년 6월 한국전쟁에 앞서 미군 점령군은 1949년 7월 '조선인연맹'을 강제 해산시키고 중앙간부들을 공직에서 모두 추방했다. 당시 일본 전국적으로 초등학교 331개교, 중학교 5개교, 고등학교 4개교 등의 조선학교가 있었지만, 1948년 4월 한신교육투쟁을 계기로 조선인연맹 구성원들이 시위를 주도한다는 이유에서 강제 해산했다. 그 이면에는 1948년부터 동서 대립이 격화되고 처칠의 '철의 장막' 선언 이후 냉전체제가 본격화된 국제적인 정세도 작용했다. 이에 따라 한반도의 남쪽은 미군, 북쪽은 소련 점령군에 의해 조선의 독립을 둘러싼 미소공동위원회의 논쟁이 격화되었다. 1947년 10월 미군 점령군은 미일소공동위원회를 결렬시키고 조선의 신탁통치를 반대한 조선인연맹을 재일조선인 사회로부터 격리해 강제해산을 단행했다.

　해방 이후 재일조선인 사회는 재일본조선인연맹을 중심으로 결속하여 귀환업무, 치안유지 협력, 피해자 구제 활동, 문화 활동 촉진 등을 주도했다. 조련은 남북분단을 계기로 남한 단독선거 반대, 북한 지지, 미군 점령군의 북한 국기 게양 금지령 반대, 외국인 재산 취득에 관한 정령 반대, 생활보호운동 등을 전개했다. 미군 점령군과 일본 정부는 이러한 민족운동을 전개한 조련과 민청에 대해 북한 창건일인 1949년 9월 8일 정식 해산명령을 내렸다. 동시에 일본 정부는 미군 점령군의 지시로 '단체 등 규정령'에 의한 법무 총재부 고시 제51호 발령과 재일조선인의 강제송환을 목적으로 '외국인등록령 위반자의 퇴거에 관한 지방경찰본부 경비부장 통첩'을 발령했다. 법무부는 "조련과 민청이 폭력주의 및 반민주주의적 단체에 해당한다"라고 규정하여 해산을 발령했는데, 그 이유는 다음 〈표 17〉과 같다.

〈표 17〉 조련과 민청에 대한 미군 점령군의 해산 이유[12]

사건 일자	조련과 민청 해산의 주요 요인
1946년 12월	재일조선인 생활 옹호 전국대회 결의문 전달 및 총리 관저 데모 행위
1948년 4월	한신교육투쟁 사건 봉기 참여
1948년 9월	점령군의 금지명령에 반하여 북한의 국기 게양
1949년 6월	교토 조련지부 구성원에 의한 경관 폭행
1949년 6월	후쿠시마현 히라 경찰서 조련지부 구성원에 의한 습격
1949년 6월	국철 노동분쟁 시 지바현 조련지부 구성원에 의한 JR 운행 방해
기타 이유	민간과의 대립, 투쟁의 반복

12　上揭書, p. 234의 내용을 바탕으로 필자 작성.

한국전쟁이 한창이던 1951년 9월 8일에는 미일 간 샌프란시스코 강화조약이 조인되어 1952년 4월 발효되었다. 강화조약은 미일안보조약과 동시에 체결되어 조선을 적대시하는 정책을 강화했다. 그 결과 일본 정부는 재일조선인을 일방적으로 '일본 국민'에서 재일외국인으로 전환했다. 미군 점령군은 초기에 재일조선인을 일본 국적자로 취급하면서도 1947년 5월 '외국인등록령'을 제정하여 재일조선인의 관리 체제를 강화하고 위반자를 강제 퇴거하는 이중정책을 취하여 일본 정부의 통치하에 두었다. 외국인등록령은 재일조선인의 출입국과 강제 퇴거를 더욱 철저히 시행하기 위해 1951년 10월 '출입국관리령'으로 독립시켰다. 그리고 실제로 1950년 10월 나가사키현 오무라시에 설치된 '오무라수용소'를 통해 1953년까지 약 7천 명의 재일조선인이 강제 송환되었다. 외국인등록령은 1952년 4월 외국인등록법으로 격상되어 재일조선인을 외국인으로서 단속을 강화하는 데 활용했다. 이러한 외국인등록령과 외국인등록법은 재일조선인의 역사적 특수성을 무시하고 이들을 외국인으로서 관리, 감독, 감시, 간섭, 차별 등의 방법을 강화하기 위한 탄압 도구로 활용되었다. 1952년 샌프란시스코강화조약을 계기로 재일조선인에 대한 억압정책이 미군 점령군에서 일본 정부로 이양되었고, 일본 국적자라는 규정이 소멸하여 외국인으로서 일본 정부의 차별과 억압이 본격화되었다.

3. 1952년 샌프란시스코강화조약과 재일동포 정책

1) 1965년 한일기본조약과 재일동포의 법적 지위

해방 전후 일본 정부는 1947년 외국인등록령을 제정하고 재일조선인을 치안 관리 대상으로 삼았다. 그리고 1951년에는 외국인등록령을 출입국관리령으로 개정하여 제도적 분리를 도모했다. 재일동포는 1910년부터 1945년 해방 전까지 일본 국적을 가지고 선거권을 행사했다. 해방 전 재일동포의 선거권은 '조선 및 대만 재주민정치처우조사령'의 답변 취지에 따라 1945년 4월 1일 귀족원령이 개정되어 "조선에서는 임기 7년의 칙임 의원 7명을 귀족원에 선출하는 제도가 존재했다." 중의원에서도 조선에 중의원 의원 선거법을 시행하여 "만 1년 이상 직접 국세 15엔 이상 낸 자를 선거권자로 인정하는 직접 제한선거 방법에 따라 조선 각 도 선거구로부터 23명의 의원을 선출해야 한다"라는 답변을 1945년 3월 총리 앞으로 제출하여 이에 따른 법안의 의회 제출 준비가 완료된 상태였다. 또한 1944년 일본 각의는 일본 내지에 정주하는 조선인에게 희망자에게만 일본 내지 호적에 이적할 수 있도록 인정하는 결정을 내렸다.[13]

---

13   洪正一(1987). 「地方参政権を要求する」. 『法的地位に関する論文集』. 在日本大韓民国居留
      民団, p. 31.

이러한 재일동포에 대한 선거권의 의무와 권리는 1952년 이후에도 승계되어 일정 기간 내에 일본 국적을 취득하든지 아니면 포기하든지 하는 선택권을 재일동포 개개인에게 맡기는 것이 당연한 권리였다. 제2차 세계대전 이후 식민지를 경영했던 여러 유럽 국가는 국내 거주 식민지 출신자들에게 국적을 부여했다. 가령 영국은 연방 내 거주하는 독일인, 프랑스에 거주하는 알제리인, 독일 내에 거주하는 오스트리아인 등 식민지 출신자들에게 국적을 부여하여 선택하도록 배려했다. 일본 정부는 구 식민지 출신자인 재일동포에게 1947년 외국인등록제도를 적용하여 선거권을 박탈했고, 1952년 샌프란시스코강화조약 발효일로부터 무국적자 외국인 신세로 전락시켰다.

재일동포는 1965년 6월 한일법적지위협정 체결로 한국적이 확정되었다. 1952년 샌프란시스코조약 발효 이후 귀화제도가 시작되었지만, 심사 기준이 엄격하고 심사 기간이 짧아 귀화자들은 연간 2천 명 정도에 지나지 않았다.[14] 구 식민지 출신자라는 역사적 특수성에 의해 재일동포 협정 영주자들은 일본 국적을 취득할 권리가 있음에도 일반 외국인으로 규정되어 그 권리를 인정하지 않았다. 또한 논리적인 모순이었지만, 재일동포는 일본 내 소수민족인 한국인으로서 한국적을 유지하면서 일본 국민과 똑같은 대우 받기를 원했던 측면도 있다.

1965년 '재일교포법적지위협정'에 의해 인정된 영주권은 재일동포 2~3세를 대상으로 한 것으로 재일동포 3세 이상에 대한 명확한 규정은 없었다. 협정 제2조 1항에서는 25년 후 재일동포 3세대가 등장하는 시기인 1991년까지 협의한다는 점을 정하고 있을 뿐이다. 협정 영주자는 1965년 체결된 한일법적지위협정(한일 간 일본에 거주하는 한국인의 법

---

14   田駿(1987). 「在日韓国人のいまと第三代目以降の展望」. 『法的地位に関する論文集』. 在日本大韓民国居留民団, pp. 3-6.

적 지위와 대우에 관한 협정)에서 규정하고 있는 영주권 취득자를 말한다.

이 협정에서는 영주권 허가 대상자에 대해 다음과 같이 규정하고 있다.[15] 첫째, 1945년 8월 15일 이전부터 영주권 신청 시까지 계속해서 일본에 거주하고 있는 자(신청은 협정 효력 발생일인 1966년 1월 17일부터 5년 이내). 둘째, 첫째 항의 직계비속으로 1945년 8월 16일 이후 협정 효력 발생일로부터 5년 이내(1961년 1월 16일까지) 일본에서 출생하여 신청 시 계속해서 일본에 거주하고 있는 자(신청은 1966년 1월 17일부터 5년 이내. 단 1970년 11월 17일 이후 출생한 자에 대해서는 출생일로부터 60일 이내). 셋째, 영주허가를 받은 자의 자녀로서 1971년 1월 17일 이후 일본에서 출생한 자(신청은 출생 후 60일 이내)로 제한하며 이들 자손의 일본 거주에 대해서는 협정의 효력 발생일로부터 25년이 경과할 때까지는 한국 정부의 요청에 따라 일본 정부가 협의에 응할 것을 의무화했다. 협정 효력일 25년이 경과하는 날은 1991년 1월 16일로 '1991년 문제'는 이들 자손의 법적지위협정에 관해 한일 정부 간의 직접적인 협의를 지칭한다.

2) 1991년 문제와 재일동포의 정주

1965년 한일 간 법적지위협정 체결에서 한국 측은 먼저 재일동포 자녀에게도 영주권 보장을 요구했다. 그러나 일본 측은 일본 내 소수민족 문제를 발생시킨다는 이유로 영주권 대상자를 샌프란시스코강화조약 발효 시까지 일본에서 출생한 자(일본 국적을 보유했던 자)로 제한하고 이후 출생한 자에 대해서는 귀화나 출입국관리령(1981년 출입국관리 및 난

---

15   金敬得(1987). 「「91年問題」と在日韓国人」. 『法的地位に関する論文集』. 在日本大韓民国居留民団, pp. 16-17.

에 따라 일반영주권을 신청하도록 주장했다. 이에 대해 한일 정부 간의 협상에서 한국 정부가 25년 후인 1991년 재일동포 영주권의 재협상안을 제안하여 이를 일본 정부가 수용함으로써 한일법적 지위협정의 규정이 되었다. 당시 일본 정부가 재일동포에 대한 영주권 보장을 반대한 이유에 대해서는 이 제도가 향후 재일동포의 일본 동화를 방해할 것으로 간주했기 때문이다.

1965년 한일조약 체결 이후 협정 영주권자는 재일동포 2~3세들이 재일동포 사회의 중심을 차지하게 되면서 자손 대대로 일본에 영주한다는 정주의식의 근본적인 변화를 초래했다. 그리고 일본에서 행정 차별[16]을 비롯한 다양한 차별철폐 운동이 시작된 것은 한일조약 체결 이후인 1970년대 무렵이었다.[17] 1965년 한일기본조약 체결 이후 일본 정부는 1972년 국제인권조약 비준, 1982년 난민조약 비준에도 불구하고 여전히 불안정한 법적 지위에 놓여 있던 재일동포에게 1991년 '출입국관리에 관한 특례법'을 제정함으로써 전환기를 맞이했다.

1980년대 이후 한일 정부 간의 협상이 진전되어 재일동포의 체류권 개정이 양국 외무상의 '각서' 형태로 교환되었다. 주요 내용은 다음과 같다. "첫째, 협정 3세(한일기본조약으로 25년간 영주가 인정된 자녀와 자손)에 대해서는 영주를 인정한다. 둘째, 종래 7년 이상 징역 또는 금고 이상에 처한 자 이외에는 강제송환(퇴거) 사유로부터 제외되는데 그 사유를 내란, 외환(법무 대신이 일본의 이익, 공안에게 해를 입혔다고 결정한 자) 등의 죄로 한정한다. 셋째, 지금까지 당초 허가 1년, 연장 1년 이내의 재입국 허가를 당초 4년,

---

16　행정 차별은 공영주택 및 공단주택 입주차별 철폐, 국민금융공고 및 주택금융공고의 임대차별 철폐, 외국인등록법과 출입국관리령 일부개정, 국공립대학교원채용조치법 제정, 국민연금 및 아동수당 관련 3법 일부개정 등 재일동포에 대한 행정면에서의 차별을 말한다.

17　洪正一(1987). 前揭 論文集, pp. 29-30.

연장은 1년으로 한다" 등이었다.[18] 1965년 이후 '협정영주권'을 취득하기 위해 종래 외국인등록으로 출신 지역을 조선 혹은 한국으로 기록한 사람들은 '한국'을 국적으로 선택해야 하고 기타는 당분간 체류 자격을 가질 수 있다고 인정하는 126호 해당자로서 구분되었다. 1981년에는 법 126호와 그 자손에게 특별영주제도가 적용되었다. 특별영주자란 외국등록 신청 시 '조선'으로 기재한 사람들이다. 일본 정부는 북한과의 수교가 없다는 이유로 외국인등록법의 신청에 따라 '조선'을 국적보다는 하나의 기호로 간주했다.

결국 일본 정부는 협정 영주권자의 자손에게 대대로 영주권을 보장하기보다 입국관리령의 일반영주권의 범위에 포함하여 일반영주권의 허가 요건을 완화하는 방향으로 가닥을 잡고 실무자 협의를 개최했다. 일본 정부는 국적 부여(귀화 조건)의 자유재량을 강화함으로써 재일동포를 동화의 길로 최대한 활용한다는 방침이었다. 이것은 한일회담 당시 한국 정부도 이동원 외무부 장관이 "재일동포는 곧 자연적으로 일본인으로 동화될 운명에 처해 있다"[19]라고 발언한 것과 일본 측 이케가미 쓰토무 법무성 입국관리국 참사관이 재일동포 3세의 시대에는 실질적인 국적 문제가 대부분 자연 소멸할 것이라는 발언과도 궤를 같이하고 있다.[20]

일본 정부는 1969년 입국관리법 제정을 시도했는데 반대운동에 부딪혀 폐안되었고, 1981년 출입국관리 및 난민인정법을 비준했다.

---

18   佐藤文明(2009). 前揭書, p. 194.

19   徐海錫(1987).「在日同胞社会の現状と今後の展望—1990年代を目前にして」.『法的地位に関する論文集』. 在日本大韓民国居留民団, pp. 47-48.

20   이후 재일동포의 일본인과의 혼인과 동화 등에 의한 자연 소멸 주장은 일본 이민정책의 근간이 되었다. 坂中英徳(2013).『日本型移民国家への道』. 東京: 東信堂, pp. 67-71.

1985년 1월 1일부터 시행된 일본 정부의 신국적법은 재일동포의 귀화 조건을 일부 완화했지만, 자유재량의 원칙은 그대로 두었다. 신국적법은 부계주의에서 아버지나 어머니 중 누군가가 일본 국민이면 그사이에 태어난 자녀는 일본 국적을 취득할 수 있는 부모 양계주의로 전환하여 국적선택제도 신설과 국적 완화 등의 내용을 대폭 개정했다.[21]

〈표 18〉 1985년과 1986년 재일동포 3세의 법적 지위에 관한 한일 협의 내용[22]

연도	한국 측 요구항목	주요 내용
1985년	체류권	본래 협정 영주 자격이 있는 일반영주자와 협정영주자를 새로운 협정에서 일원화
	강제퇴거	협정 중인 '강제퇴거 조항' 폐지
	직업 선택	공무원 채용 시 국적 조항 철폐, 취업 차별 시정을 위한 정부와 지방 공동 단체, 민간기업체의 의식 문제로 노력
	사회보장	완전 적용 보장
	교육	일정 재적 학교에서의 민족교육 커리큘럼 신설, 통명 사용이 많은 것에 사회적 의식 문제로서 배려
	귀화	귀화 신청 시 한국명 허가
1986년	지문 날인	제도개선 조치 요구, 지문 날인 거부를 이유로 재입국 불허, 체류 기간 단축 등의 조치 완화
	외국인등록증 상시 휴대 의무	외국인등록증 상시 휴대 의무 폐지
	취업 문제	지방자치단체 직원, 국공립 초·중·고 교사 채용 문호 개방, 민간 기업 채용 장려
	사회보장	각종 사회보장 수혜를 일본인과 공평한 수준 유지 배려
	일본 사회 인식	재일동포 법적 지위 및 처우를 중장기적·안정적으로 구축하기 위하여 재일동포에 대한 일본 사회 인식 개선
	3세 이상의 법적 지위	재일동포 3세 이상 자손의 일본에서의 안정적 거주 및 법적 지위 협정 협의

---

21   일본의 구국적법과 신국적법에 관한 논의에 대해서는 丹野清人(2013). 『国籍の境界を考える』. 東京: 吉田書店, pp. 76-81 참조.

22   徐海錫(1987), 前揭 論文, pp. 48-49 내용을 중심으로 필자가 정리.

위의 〈표 18〉에 제시한 바와 같이 일본 정부는 1989년 일본 내 외국인노동자의 급증에 대응하여 외국인등록법을 개정했다. 이때 활동에 제한이 없는 체류자격으로 '영주권자' 외에도 일본인이나 영주권자의 배우자, 1952년 이전 일본 국적자의 자녀 등에게 특별영주 자격을 부여했다. 1991년에는 일본과의 평화조약에 의해 일본 국적을 이탈한 자들의 출입국관리에 관한 입국관리특례법을 제정했다.[23] 1999년에는 외국인등록법 개정으로 지문 날인 폐지를 결정하여 2000년 4월 1일부터 시행했다. 일본 정부는 1990년 입국관리법 개정, 1991년 입국관리특례법 제정, 1992년 외국인등록법 제정 등으로 외국인 문제의 중심 대상을 올드커머에서 뉴커머로 전환했다. 하지만 여전히 재일외국인 문제는 재일동포의 인권 보장과 소수민족과의 공생 문제 형태로 남아있으며, 이는 향후 뉴커머가 해결해야 할 과제이다.

해방 이후 일본 정부는 재일동포 도항의 역사와 현실을 고려하지 않고 일반외국인으로 취급하여 모든 권리를 박탈했다. 특히 재일동포를 대상으로 출입국관리령을 전면 적용하여 강제퇴거 위협, 지문 날인 강요, 외국인등록증 상시 휴대 의무에 따른 사생활 침해와 사회보장 배제 등 생활 전반에 걸친 광범위한 민족차별 법령을 제정했다. 메이지유신 이후 식민지 과정에서 구축된 조선인에 대한 편견과 차별의식은 해방 이후 재일동포에게도 그대로 계승되어 일본인으로의 귀화와 동화를 강요했다. 재일동포는 1945년 해방과 더불어 냉전 이데올로기 대립으로 미군 점령군과 일본 정부에 의해 일본 국적에서 한국적(조선적)으로 전환되었고, 민단과 총련으로 이분되어 일본 정부의 관리를 받게 되었다. 1970년대 이후 일본 정부의 재일동포 정책은 기존의 사상

---

23   佐藤文明(2009). 前揭書, pp. 78-80.

적인 이분 통치에서 영주 정주자라는 법적 지위의 다양화로 정책 전환이 이루어졌을 뿐이다.

1970년대 중반 재일동포는 대전환기를 맞이하게 되었는데, 그것은 재일동포 2~3세들의 일본 정주가 자명한 현실이 되었기 때문이다. 이전까지만 해도 재일동포는 일본을 잠시 머무는 장소로 생각했으며 통일이 되면 언젠가 조국으로 귀국할 것이라는 기대가 강했다. 그러나 일본 정주가 기정사실이 되면서 일본의 사회제도적 차별과의 투쟁도 본격화되었다. 가령, 1970년 박종석의 히다치제작소 입사 차별, 1976년 김경득의 국적 조항에 따른 사법연수원 입소 거부 등 사회제도적 차별철폐에 맞서는 시민운동이 활기를 띠었다. 1980~1990년대에는 이러한 시민운동의 연장선상에서 지방공무원 채용, 도영주택과 공단주택 주거 문제, 지방참정권과 생활권 확보 운동 등으로 확산했다.

3) 재일동포의 정주와 경제활동

지금까지 일본 정부의 재일동포 정책에 대해 크게 세 시기로 구분하여 설명했다. 이를 간략히 요약하면, 다음 〈표 19〉에 제시하고 있는 바와 같이 재일동포 정책은 일본인 국적 시대, 한국 조선인 국적 시대, 다문화 정주 시대로 구분할 수 있다. 재일동포 정책의 발생 요인은 1952년 미군 점령군의 동아시아전략과 외국인등록령, 그리고 샌프란시스코강화조약에 따른 일본 정부의 국적 박탈로부터 비롯된 것으로 볼 수 있다. 일본 거주 재일동포에게 1952년 샌프란시스코강화조약에 의한 일본 정부의 국적 구분 강요와 1965년 한일기본조약에서 영주권에 의한 체류권 보장이 가장 중요했지만, 다음으로 중요한 것은 직업 선택이나 취업 문제였다. 왜냐하면 재일동포가 일본에서 생존하기 위해서는 체류권과 함께 생계를 유지하기 위한 경제활동이 필요했기 때문이다. 이에 따라 1952년 일본 국적에서 한국적으로 전환되면서 재일동포의 가장 큰 문제는 국적 조항(한국적 혹은 조선적)에 따른 취업 차별이었다.

〈표 19〉 재일동포 정책의 주요 변화(1945~1991년)[24]

시대적 구분	국적 구분	재일동포 관련 주요 정책의 변화
해방 전후 미군 점령기 (1945~ 1952년)	일본인 국적 시대	• 1947년 5월 외국인등록령 • 1951년 10월 출입국관리령 • 1952년 4월 전상병자전몰자유족 등 원호법 • 1952년 4월 외국인등록법 – 일본인과 조선인 사이의 모호한 법적 지위에 따라 해방 민족과 적국으로 인정 – 미국의 동아시아전략에 따른 조선학교 폐쇄와 조련 해산
재일동포 확립기 (1952~ 1991년)	한국적 혹은 조선적 시대	• 1952년 4월 샌프란시스코강화조약 • 1965년 한일기본조약 체결 • 1985년 부모 양계주의 도입 – 일본 국적에서 한국적, 조선적으로 전환 • 1965년 협정 영주와 재일동포 3세의 체류권 관련 '1991년 문제' 발생 • 1970년대 이후 사상적 이분 통치에서 영주 정주자의 다양화 및 차별 투쟁의 본격화 • 1980~1990년대 시민운동, 지방공무원 채용, 도영주택과 공단 주택 주거 문제, 지방참정권과 생활권 확보 투쟁
다문화 공생사회와 정주화 (1991년~ 2000년대)	동화, 귀화, 정주화	• 1991년 출입국관리에 관한 특례법 제정, 재일동포 3세 영주권 부여 • 국적 부여(귀화 조건)의 자유재량 강화와 재일동포의 동화정책 활용 • 1990년대 이후 일본인과의 혼인과 동화에 의한 재일동포의 자연 소멸론 등장 – 재일동포의 인권 보장과 소수민족과의 공생 문제 부상 – 인구 감소와 절벽 시대 일본 이민정책의 대전환 – 재일동포 국적, 인권, 차별, 배제 문제 미해결

---

24 이 표는 본 논문의 연구 결과를 토대로 필자가 작성했다.

재일동포의 취업 차별 사건은 1970년대로 거슬러 올라간다. 그러니까 재일동포의 민족차별 철폐 운동이 시민운동으로 확대된 사건은 1970년대 취업차별에서 시작되었다고 볼 수 있다. 민족차별 운동의 발단이 된 사건은 1970년대 아이치현에 거주하는 박종석이 히다치제작소에 합격했는데 재일동포 2세라는 이유로 합격이 취소된 사건이었다. 박종석은 히다치제작소에 합격한 후 재일동포 2세였기 때문에 회사에 호적등본을 제출할 수 없었고, 대신 외국인등록 증명서를 제출했다. 그런데 회사에서는 "외국인은 규정상 채용하지 않는다. 이력서에 본명을 사용하지 않았기 때문에 취업해서는 안 된다"라고 주장하며 채용을 취소했다. 이에 따라 '박종석을 둘러싼 모임'이 일본인과 재일동포 사회를 중심으로 만들어졌고, 이 사건을 정식으로 요코하마지방재판소에 제소했다.[25] 일본 본사에 대해서는 모임회원들이 취업차별 규탄 투쟁을 전개했고, 한국에서는 히다치 제품 불매운동과 기도회를 개최했다. 결국 히다치제작소가 사죄하고 1974년 7월 박종석이 재판에서 승소했다. 이 사건은 이후 재일동포의 취업차별에 대한 대전환의 계기가 되었지만, 일본 사회에서 취업차별의 벽은 여전히 해결되지 못한 채로 남아있다. 결국 재일동포 자녀들은 일본인이 가기 싫어하는 일본 기업, 중소 영세기업, 재일동포 경영기업, 자영업 등을 계승하는 쪽으로 진로를 선택하게 되었다. 이처럼 일본 지방공무원 채용에 걸리는 국적 조항의 문제가 민간기업의 민족차별을 조장하고 재일동포 자녀에 대한 편견이나 차별의식 형성에 악용되고 있는 것이 현실이다.

1974년 7월 박종석이 히다치제작소 취업차별 재판에서 승소하기까지 재일동포를 고용하지 않는 것이 일본 사회의 상식에 속했다. 이

---

25   佐藤文明(2009). 前揭書, pp. 57-60.

러한 가운데 재일동포 3세의 일본 사회에 정주하는 경향이 증가하고 자신들의 노력과 힘에 따라 일본 사회에서 생존해나가지 않으면 안 되는 상황이 지속되었다. 재일동포는 육체적인 노동으로 힘겹게 마련한 자본금으로 자영업을 시작하여 가족을 종업원으로 고용하는 자영업을 각지에서 창업했다. 이미 이러한 재일동포 기업이 1940년대 말부터 창업되기 시작하여 해방 이후 경영규모를 확대하는 기업들도 생겨났다. 재일동포의 업종은 서비스업, 소비자금융업, 토목건축업, 고물이나 고철·폐지 수집업 등이 대부분이었다. 이들 중 재일동포 기업에서 두각을 나타낸 것이 사카모토방적과 롯데 기업이었다.

재일동포의 3대 산업은 파친코 등 유기업, 부동산금융업, 야키니쿠 레스토랑업 등으로 일본인이 투자하기를 싫어하는 업종에 집중되어 있다. 비교적 영세기업으로 출발한 재일동포 기업은 부동산이나 금융업의 경우 동포끼리의 거래에서 일반기업으로 확대된 측면이 있고, 금융기관의 경우 비교적 창업하기 쉬운 신용금고 형태로 일본 각지에 설립되었다.[26] 대표적으로 한국계 상은은 오사카상은, 도쿄상은, 오사카흥은, 그리고 총련계의 조은 등이 있고 이들은 재일한국인신용조합협회(한신협)와 재일본조선신용조합협회(조신협)라는 연합회를 만들어 상호 협력했다.[27] 또한 재일동포 상공인들은 재일한국인상공회의소, 재일본조선인상공연합회, 한국청년회의소(KJC) 등 경제단체를 조직하여 상호부조와 정보를 교환해오고 있다. 재일동포 기업이나 동포단체들은 재일동포 청년에게 취업 자리가 되기도 했고, 취업차별이 심한 일

26 임영언(2009). 「재일한인 기업가와 모국」, 『일본 한인의 역사(상)』. 국사편찬위원회, pp. 312-343.

27 임영언 외(2013). 「재일코리안 금융업의 창업과 성장 과정에 관한 연구: 민단계와 총련계 기업의 비교를 중심으로」, 『아태연구』 20(2), pp. 33-64.

본 사회에서 동포 기업에 취업하는 청년도 많았다. 또한 재일동포 상공인들은 민족학교 기부, 조선장학회나 한국장학회 기부 등을 통해 민족단체 운영이나 민족학교 유지에 크게 기여했지만, 이러한 경향이 언제까지 지속될지는 미지수이다.

4. 재일동포 정책의 미래와 전망

이 장에서는 일본 거주 재일동포의 정책에 대해 국적 박탈과 정주의 본격화라는 측면에서 크게 미군 점령기인 1952년까지 일본인 국적 시대, 1965년 이후 한국적 혹은 조선적의 재일동포 확립기, 1990년대 입국관리법 개정 이후 다문화 공생사회와 정주화 등 세 가지 측면에서 살펴보았다. 그 이유는 재일동포의 국적 전환이 이후 정책 전환에 가장 큰 영향을 미친 사안이고 지금도 여전히 계속되고 있는 문제이기 때문이다.

기존 연구에서는 재일동포의 국적 전환에 대해 스스로 한국적 선택이라는 긍정적인 측면이 주목받아온 것이 사실이지만, 근본 출발은 미군 점령군과 일본 정부의 강제적 성격이 강했기 때문이다. 또한 해방 이후 재일동포의 역사가 70년 이상 경과하고 있지만, 일본에 의한 식민지지배 경험과 90만 명 이상이 생활하고 있는 재일동포 정책 전개에 관한 관심은 그리 많지 않았다. 당연히 그들이 어떻게 일본에 거주하게 되었고 어떠한 과정을 거쳐 오늘에 이르게 되었는지 미군 점령군-일본 정부-한국 정부의 정책적인 측면에서 그들을 이해하기란 쉽지 않았다. 본 연구는 이러한 문제의식에 충실하여 재일동포 사회를 이해하는 데 조금이나마 도움을 줄 수 있을 것으로 기대해본다. 본 연구에서 재일동포 정책 과정에서 도출된 연구 결과들을 살펴보면 다음과 같다.

첫째, 재일동포는 1952년 샌프란시스코강화조약으로 일본 국적이 박탈될 때까지 미군 점령군과 일본 정부에 의해 이념 대립에 휘말리게 되었고 결국 일본 내 이념 대립의 여파가 국내 좌우 대립으로까지 영향을 미치는 결과를 초래했다. 이는 단순히 재일동포 문제가 일본 내 해방 민족만의 문제가 아니라 국제정세 속에서 고착되었음을 방증하고 있는 것으로 보인다.

둘째, 1965년 한일기본조약은 일본 거주 식민지 후손들을 한국적과 조선적으로 구별 지어 체류 문제와 25년 후 재일동포 3세의 영주권 문제로서 '1991년 문제'를 발생시켰다. 이는 이후 일본 사회의 출입국관리법 개정을 촉진하여 일본 다문화사회 이행 과정에서 출입국 법률 개정에 크게 이바지한 것으로 보인다. 이에 따라 재일동포 사회에서 사상적이분 통치가 약화했지만, 국적차별에 따른 일본 정부를 향한 재일동포의 민족차별 투쟁이 본격화되는 계기를 마련했다. 그러나 재일동포 사회 내의 사상적 대립은 잠재된 상태로 여전히 계속되고 있는 문제이다.

셋째, 1991년 일본 정부의 출입국관리에 관한 특례법 제정은 재일동포 외에도 일계인 및 기타 외국인노동자의 수용을 촉진했으며 일본이 다문화사회로 진입하는 계기를 촉발했다. 이는 일본 사회에서 재일동포가 외국인이라는 인식을 약화하기도 했지만, 반면 외국인 배제는 재일동포 배제라는 문제를 일으켰다는 점에서 주목할 필요가 있다. 이는 현재 일본 내 외국인 혐오가 배외주의 형태로 표출되고 있는 문제이기도 하다.

넷째, 일본 정부의 소수민족 정책에 의한 재일동포의 국적 구분은 직업 선택이나 취업 문제 등 민족차별 운동을 촉발했고 1970년대 이후 대대적인 시민운동으로 확대되었다.

결론적으로 재일동포 문제의 발생 요인은 광의적인 측면에서 1952년 미군 점령군의 동아시아전략과 일본 정부의 외국인등록법에 따른 국적 박탈에서 비롯된 것으로 볼 수 있다. 이는 좀 더 넓은 의미에서 당시 국제사회 정세와 일본 사회 내 이데올로기 대립의 측면에서 재일동포 문제의 발단을 살펴볼 수 있을 것이다. 이러한 상황에서 일본 정부에 의한 재일동포의 국적 박탈은 근본적으로는 불안한 체류 보장과 취업차별을 초래했고, 외국인의 지위로서 재일동포의 민족차별 투쟁을 촉발했다. 이러한 일본 정부의 재일동포 정책에 대한 근본적인 해결 방법은 1952년 당시 식민지 자손이라는 국적회복에 있을 것으로 생각되지만 1952년 국적 박탈과 1965년 한일기본조약에 의한 한국적·조선적 회복, 그리고 이미 재일동포로서 약 50년을 살아온 역사도 무시할 수 없는 상황이 되었다. 이는 역설적으로 재일동포가 일본에서 한국적으로 살아갈 수밖에 없는 이유가 되었다.

그러나 일본 거주 재일동포 정책의 근본 요인이 일본 정부에 있음에도 근본적인 해결책 제시보다는 외국인 지위로서 시대마다 새롭게 등장하는 출입국관리 체계 강화는 여전히 반복을 거듭하고 있으며, 이로 인한 외국인 차별과 배제는 한층 강화된 측면이 있다. 그런데도 재일동포의 역사에 잘못이 있다면 남북분단에 따른 민단과 총련의 사상적 대립과 불화가 해방 이후 여전히 존재한다는 점을 지적할 수 있을 것이다.[28]

무엇보다 더 큰 문제는 한일 정부와 국민 간의 재일동포 역사에 관한 몰이해와 상호 소통의 문제이며, 재일동포의 국적을 과거로 되돌릴 수는 없을지라도 거기에 따르는 한국 정부, 민단과 총련의 노력이 부족했다는 점이다. 이 연구는 재일동포 사회의 정책 전환 과정에서 미군 점령군-한국 정부-일본 정부 간의 포괄적인 정책 결정 과정에서 국적 변경에 초점을 두고 전개했기 때문에 민단 활동에 치우친 측면이 있다. 향후 연구에서는 재일동포 정책 결정 과정에서 빠진 총련 사회의 활동과 운동의 전개를 집중 조명할 필요가 있을 것이다.

---

28   임영언(2013). 「디아스포라적 관점에서 본 북한-총련-일본 관계 연구」. 『한국동북아논총』 18(1), pp. 297-304.

VII

맺음말

이 글의 목적은 재일동포 사회의 큰 축을 형성하고 있는 민족교육의 실태를 파악하고 이를 통해 재일동포 사회의 미래를 전망하는 데 있었다. 재일동포는 일본에서 차별받으면서 학교를 통한 민족교육의 중요성을 절감하여 민족학교 설립에 헌신했다. 역사적으로 1945년 해방 전후 일본에서 아이들에게 조선어를 가르치기 위해 일본 각지에 설립된 '국어강습소'에서 출발하여 나중에 각종학교로 전환되었다. 식민지 시민으로서의 경험은 일본에 대한 반감으로 작용했고, 이것이 재일동포에게는 민족교육에 헌신하는 원동력이 되었다.

1945년 해방 전후 재일동포는 246만 명으로 대부분 모국으로 귀환했고, 60만 명 정도가 잔류하여 민족교육을 위한 각종학교를 설립했다. 1950년대 전후 민족학교 수는 일본 전체 약 500개교에 교사 수가 5만 명에 달하기도 했다. 최근 재일동포 사회도 저출산·고령화로 인한 인구의 자연 감소, 국제결혼 증가와 귀화자 증가, 민족정체성 약화와 다양성 출현, 뉴커머의 증가와 한인사회 갈등 등으로 인한 위기의식 등 과거와는 다른 미래 동포사회의 출현을 예고하고 있다. 특히 2009년도 조선학교 재적자 수는 8,300명 정도로 재일동포의 1~2할 정도에 해당했다. 조선학교 수와 재적자 수는 계속 감소하여 2016년 시점에서 일본 전국에 64개교로 학생 수는 8천 명 정도로 나타나고 있다.

이 글은 1945년 해방 전후 일본에서 전개된 재일동포 민족학교 역사를 개괄하고 조선학교 현지에서 수집된 교가와 자료 분석을 통해 최근 급격한 변화를 겪고 있는 재일동포 사회의 실상과 미래를 전망하는 데 있다. 연구 방법으로는 재일동포 기업과 관련하여 그동안 신문 지상이나 잡지, 서적, 상공회 단체의 팸플릿, 연구보고서, 조사자료 등 다양한 자료의 내용들을 중심으로 분석 정리하여 현지조사와 면접조사를 병행하여 부족한 자료를 보완하고 확인했다.

제2장에서는 "재일동포 민족교육과 조선학교"를 주제로 조선학교를 대상으로 민족교육 운동과 고교무상화 운동을 둘러싼 다음 세 가지를 규명하는 데 중점을 두었다. 연구과제는 첫째, 1945년 이후 '국어강습소'로 출발한 조선학교가 일본 사회의 차별과 배제 속에서 어떠한 민족교육 운동 과정을 거쳐 오늘날의 형태로 존재하는지를 살펴보고자 했다. 둘째, 해방 이후 조선학교는 일본 정부의 조선학교 정책에 의해 학생 수와 학교 수 측면에서 많은 변화를 겪어왔다. 조선학교 변화의 측면에서 일본 사회의 변화 동인과 역사적 요인들은 무엇인지에 대해 파악하고자 했다. 셋째, 현재 일본 사회에서 진행되고 있는 조선학교 고교무상화 운동을 둘러싼 원인과 결과는 무엇이며 향후 어떻게 진행될 것인지에 대해 예측해보고자 했다.

연구 결과는 다음과 같다. 첫째, 1945년 해방 이후 일본 정부의 조선학교에 대한 차별과 배제는 크게 다음과 같은 세 가지 측면에서 진행되어온 것으로 생각된다. 하나는 1948~1949년 발생한 '한신교육투쟁'에 의한 조선학교 강제 폐쇄 사건이다. 또 하나는 1960년대 후반부터 1970년대 초반 무렵 발의된 '외국인학교법안'이다. 이 법안은 각종 학교로서 재일조선인의 민족교육을 전면적으로 부정하고 동화정책을 선언하여 재일외국인의 민족교육권을 국가권력에 의해 규제하고 조선학교가 취득한 허가를 무효화할 목적이었지만 반대운동에 부딪혀 폐안되었다. 그리고 2010년 이후 조선고교의 무상화 배제, 입학지원금·보조금 지급유예, 교육내용이나 운영개입 등 조선학교에 대한 차별과 배제가 더욱 심화해온 것으로 나타났다.

둘째, 해방 이후 조선학교 수 및 학생 수는 1948년 한신교육투쟁 전후로 감소하다가 이후 지속적인 증가세로 돌아섰으며 1970년대 최고 절정기에 달했다. 당시 조선학교 수 161개교, 학생 수 4만 6천 명에 달했으며 주요 원인은 1959년 12월부터 개시된 북송 실현으로 재일 조선인이 북한 귀국 준비를 위해 자녀들을 조선학교에 보내는 이들이 증가했기 때문이다. 이후 북한으로의 귀국자 수 감소와 인구 자체의 감소, 저출산·고령화 사회로의 진입, 경제적인 부담 등으로 조선학교 수는 감소하기 시작했다. 1970년대 5만 명에 달하던 학생 수는 1980년대 2만 명대로 감소하여 1990년대 후반에는 1만 명대, 2017년 현재 학생 수는 최고 절정기의 4분 1 정도 수준인 8천 명 정도로 감소한 경향을 보이고 있지만, 학교 수 자체는 큰 변화가 없는 것으로 나타났다.

셋째, 1945년 해방 이후 조선학교를 둘러싼 운동과 투쟁의 역사는 시대적 상황에 따라 사건과 의미를 달리하여 출현해온 일본 정부 및 일본 사회를 상대로 한 투쟁의 역사로 보는 것이 타당하다. 2017년 현재 계속되고 있는 조선고교의 무상화 배제 운동 역시 그 연장선상에서 생각해볼 수 있다. 결국 고교무상화 운동을 둘러싼 조선학원 측과 일본 정부 간 소송의 쟁점은 조선학원 측은 민족교육권과 사회인권적인 측면을 강조하고 있고, 일본 정부 측은 정치경제적인 측면을 강조하고 있다. 이는 글로벌 시대 삶의 다양성을 인정하지 않는 일본 사회의 단면을 그대로 보여주고 있음을 시사한다.

제3장에서는 "재일동포 민족학교 성장과 학교문화"를 주제로 민족학교에서 교가가 탄생하게 된 역사적 배경에 주목하고, 특히 1980년대 이후 민족학교에서 한국학교와 조선학교의 성장과 발전의 차이, 민족학교 교가의 내용분석, 그리고 이들 교가의 창작이 민족교육에 미친 영향 등에 대해 다루었다. 민족교육에 관한 기존 연구는 큰 틀에서 역사적 배경이나 형성과정, 일본 정부의 재일외국인 교육의 정책적 접근, 그리고 한신교육투쟁 같은 지역운동사적 측면에서 다룬 연구들이

주를 이루고 있다. 이 장은 재일동포의 문화유산인 조선학교에 대한 생활문화사적 측면에서 학교문화 중의 하나인 교가를 살펴보고, 교가 창작이 재일동포 사회에 미친 영향에 대해 분석했다.

이 장의 분석 결과는 다음과 같다.

첫째, 해방 전후 민족학교의 성장 과정은 해방 전 일제강점기 일본 동화교육에 대한 반발에 따라 이루어졌다. 해방과 더불어 재일동포 사회는 민족학교 설립, 1948년 일본 정부와 GHQ(미군정)에 의한 민족교육의 탄압과 교육제도의 분산화, 조국 분단과 동포사회 분열, 민족학교의 절대부족, 일본 공립학교 대량입학 촉진, 동화교육과 민족차별교육, 일본 사회의 정착화 등이 1970년대 이후 민족학교의 존재 양상에 많은 영향을 미친 것으로 나타났다.

둘째, 조선학교에서 교가의 등장은 1980년대를 기준으로 1980년대 이전에는 조선학교의 목적과 필요성에 따라 1948년 한신교육투쟁의 탄압에 대한 투쟁 정신 고취, 그리고 김일성 주체사상의 고취가 주된 내용이었다. 그러나 1980년대 이후 글로벌 시대에는 일본 정주화의 경향이 뚜렷해지면서 학생 수 감소, 민족정체성 위기에 직면하여 조선학교 졸업생과 재학생, 학부모의 일체감과 민족의식 고취의 필요성에 의해 창작된 것으로 나타났다.

셋째, 해방 전후 출현한 가와사키 사쿠라모토(桜本)소학교의 교가는 민족학교 최초의 교가라 할 수 있으며 1948년 '한신교육투쟁'을 겪으면서 일본에서 조선학교 저항의 역사를 그대로 담고 있다. 또한 이 교가는 후세에 이를 상기시켜주는 노래이자 기록의 역할을 담당하고 있는 것으로 나타났다.

넷째, 1980년대 이후 조선학교 교가는 일본 사회가 글로벌 시대로 전환되는 시기와도 맞물려 조선학교에서 개최되었던 각종 학교행사에 대해 지역사회와 동포사회에서 관심을 두기 시작하고 조선학교가 재일동포 공동체의 중심적인 역할을 하던 시기에 교사와 학생들의 요청에 따라 전국적으로 교가가 만들어진 계기가 되었다.

다섯째, 한국학교의 교가는 시인 김소운과 작곡가 우종갑이 이국 땅인 일본 도쿄에서 한국인의 기상을 떨치고 역사와 문화의 배움에 힘써 정진하여 조국을 빛내는 일꾼이 되라는 내용을 담고 있다. 또한 민족학교의 역사성과 재일동포의 위치, 그리고 정체성을 그대로 담고 있는 것으로 나타났다.

결론에서 한국학교와 조선학교의 성장의 차이는 조선학교의 경우 북한 정부의 전폭적인 지지로 전국으로 확대되었다. 특히 조선학교는 1955년 총련 결성 이후 1959년부터 시작된 북송사업으로 인해 더욱 확대되었다. 그 이유는 조선학교가 북송을 준비하기 위한 조선어 교육 기관 역할을 담당했기 때문이다. 그러나 1960년대 말 최고 정점을 보이던 조선학교는 재일동포의 정주화와 글로벌화의 영향으로 1970년 대 이후로 감소하게 되었다.

학교문화로서 민족학교 교가의 내용 차이를 보면, 한국학교의 교가는 한국인의 기상, 재일동포의 역사성과 위치, 정체성 등에 대한 일반적인 내용을 담고 있다. 조선학교의 교가는 처음에는 재일동포의 동화와 민족차별이라는 측면에서 투쟁과 저항의 정신을 담고 있었지만, 1980년대 글로벌화 이후 세대교체와 더불어 재일동포 2~3세의 정주화, 학생 수 감소라는 시대상을 반영하여 고향-학교-조국이라는 일체감과 민족의식 고취, 정체성 형성에 이바지한 것으로 나타났다.

제4장에서는 "재일동포 조선학교와 북송운동"이라는 주제로 조선학교에서 북송운동의 전파과정을 고찰했다. 재일조선인학교 학생들에 의해 북송운동이 학교-가정, 동포사회, 일본 사회 등에 의해 어떻

게 전파되었는지를 살펴보았다. 연구 방법 및 분석자료는 1959년 7월 10일, 일본 가나가와 조선 중·고등학교의 6·25 기념문집 편집위원회에서 발간한 『불꽃』이라는 6·25 기념호 잡지의 내용을 분석했다. 1959년 12월부터 시작된 북송운동으로 이후 10년간 재일조선인 9만 3,340명이 북한으로 귀국하게 되었다. 그 배경에는 재일조선인 자녀들 대부분이 다니고 있던 조선학교의 존재와 역할이 컸던 것으로 짐작된다.

이 연구 결과를 요약하면 다음과 같다.

첫째, 재일조선인이라는 정체성은 북송운동 전개에서 매우 중요한 의미를 지닌 것으로 나타났다. 재일조선인은 1945년 이후 조련(북한 지지)-1951년 이후 민전(일본의 소수민족)-1955년 이후 총련(해외공민) 시기를 거치면서 북한 공민(조선사람)의 지위를 확고히 했다. 이러한 북한 공민으로서 '재일조선인'의 정체성은 조국인 북한의 발전에 이바지하고 북한과의 긴밀한 연대 속에 주체적 운동을 지향하는 세력으로 성장하는 계기가 되었다.

둘째, 재일조선인에 의해 전개된 북송운동은 1955년 5월 총련 결성 이후 1959년 12월부터 본격적으로 추진되었다. 북송운동의 요인은 재일조선인의 일본 내 경제적 궁핍, 일본 생활에 대한 불안과 실망, 일본 적십자사와의 정치적 협상 등으로 나타났다.

셋째, 1959년 12월부터 1984년 7월까지 재일조선인 북송사업은 크게 귀환 협정, 긴급조치, 잠정조치, 사후조치 등 4단계로 추진되어 총 187회에 걸쳐 9만 3,340명이 북한으로 귀환하게 되었다.

넷째, 『불꽃』 잡지의 내용분석 결과, 1959년 당시 북송운동은 조선학교-학생-가정-동포사회로 전파된 것으로 나타났다. 전파 원인은 희망 없는 일본 생활에서의 탈출, 취업차별과 궁핍한 경제생활, 무엇보다 학생으로서 공부할 수 없는 환경 여건 등 다양하게 나타나고 있다. 결국 재일조선인의 정체성은 북한의 해외공민으로 살아가는 것을 의미하며, 이는 일본에서 북송운동을 확대하는 요인으로 작용한 것으로 나타났다. 그러나 조선학교 학생들이 자신의 정체성을 확인하기 위해 북송운동을 적극적으로 전파했다기보다는 당시 재일조선인의 생활 여건, 공부 환경 등의 탈출구로서 귀국운동을 전개한 것으로 나타났다. 이러한 조선인 학생의 북송운동 전파는 이후 재일동포 사회에서 1970~1980년대 재일조선인 민족차별 운동을 일본 전역으로 확대하는 데 큰 영향을 미친 것으로 나타났다.

제5장에서는 "재일동포 조선학교와 중국 조선족학교"를 주제로 19세기 이후에 세계 한민족이 본격적으로 해외로 이동하여 정착한 곳에서 설립한 민족학교를 다루고 있다. 이들 세계 한민족이 있는 곳에는 반드시 민족학교가 세워져 민족정체성 유지 역할을 충실히 담당하고 있다. 중국 조선족학교나 일본 조선학교 역시 비록 각자의 환경에 따라 역사적으로 변화되어온 부분도 있지만, 아직도 여전히 그들은 먼 타국에서 민족문화 계승과 그들 자녀에게 민족의식을 심어주려고 노력해오고 있다. 이 책은 이러한 사례로서 중국 조선족학교 교가와 일본 민족학교 교가 내용을 비교 분석하여 그 특징을 파악했다. 해방 이후 대부분의 중국 조선족학교와 많은 일본 조선학교들은 시대적 배경과 정치적 상황에 따라 학교문화로서 다양한 교가를 만들어 학생들에게 보급하여 부르게 했다. 이들 교가는 마이너리티 집단으로서 당시의 정치적 상황과 그들이 처한 사회적 상황을 그대로 반영하고 있다고 볼 수 있다.

중국 조선족학교 교가와 일본 조선학교 교가 내용에 나타난 가장 큰 특징은 다음과 같다.

첫째, 중국과 일본의 민족학교 교가 내용은 정치색이 짙은 것으로 파악되었다. 이들 가운데는 비교적 정치색이 옅은 교가도 더러 존재했지만, 대부분은 정치색이 매우 짙은 것으로 나타났다. 이러한 사실은 중국 조선족학교의 경우 한국의 영향을 받기보다는 중국 정부의 영향을 많이 받았기 때문으로 풀이된다. 중국이 사회주의 국가이고, 중국 조선족이 이러한 정치적 환경을 교가 만드는 데 반영했기 때문일 것이다. 그러나 일본 조선학교는 북한과 수령, 태양 등의 개인숭배 사상이 짙게 나타나는 특징을 보였다. 이러한 배경에는 일본 조선학교가 일본의 정치적인 영향보다는 물질적인 지원 등 북한의 직접적인 경제적 영향을 더욱 많이 받았기 때문으로 풀이된다.

둘째, 중국과 일본의 민족학교 교가 내용에는 민족의식 고취 내용이 잘 표현된 것으로 나타났다. 중국과 일본의 민족학교 교가에서 정치적인 색채를 제외하고 가장 많이 다루고 있는 내용은 민족의식으로 가사 내용에서도 반복적으로 등장하고 있다. 이러한 현상은 외국에 존재하는 세계 한민족학교의 공통점이기도 하지만, 특히 일본 조선학교에서는 민족에 대한 자부심을 배양하기 위한 목적이 강하게 반영된 것으로 나타났다. 그 이유는 일본이라는 식민주의로부터의 해방과 경험을 바탕으로 말과 글의 중요성을 새삼 깨달았기 때문으로 생각된다.

셋째, 중국 조선족학교 교가와 일본 조선학교 교가에는 배움의 전당이라는 순수한 학교의 역할을 잘 표현하고 있는 경우도 발견되었다. 그러나 중국과 일본의 세계 한민족학교에서 말하는 배움의 목적은 매우 다른 것으로 나타났다. 중국 조선족학교의 배움의 목적은 사회주의 건설 공헌, 중국의 경제발전 공헌, 중화사상 고취, 조선 민족의 번영을 위한 노력 등이 강했다. 그러나 일본 조선학교의 배움의 목적은 북한의 발전과 김일성 수령의 아들딸이 되고, 나라의 기둥이 되고, 조선사람으로 자라는 것, 통일의 주역이 되는 것 등을 강하게 표현하고 있었다. 중국 조선족학교는 대국의 소수민족으로서 중국 사회주의 건설이라는 목적이 분명하고, 일본 조선학교는 북한의 아들과 딸이 되자는 목적이 강한 것으로 나타났다.

넷째, 중국과 달리 일본 조선학교는 개인숭배 사상이 나타나 있다. 이러한 특징은 중국 조선족학교 교가에서는 찾아보기 힘든 점이었지만, 일본의 조선학교 교가에서는 자주 나타났다. 개인숭배 사상이 직접적인 표현보다는 다른 용어로 대체되어 나타나는 경우가 있었는데, 대표적으로는 수령, 태양, 백두산 등 다양한 표현이 사용되고 있었다.

다섯째, 민족학교 교가의 내용에는 한반도 내의 한민족 역할에 대해 잘 전달하고 있다. 중국 조선족학교 교가에서는 한반도에 대한 어떠한 언급도 찾아보기 힘들지만, 일본 조선학교 교가에서는 한반도의 통일과 민족통일을 위한 방법까지 자주 등장했다. 이것은 일본 조선학교가 아무래도 북한의 영향을 많이 받았기 때문으로 생각할 수 있다.

여섯째, 중국과 일본 민족학교 교가에 제목이 붙여진 경우가 더러 있었다. 중국 조선족학교 교가와 일본 조선학교 교가 중에는 교가의 제목을 따로 사용하는 경우가 존재했다. 일반적으로 일본 조선학교에서는 조선학교 교가라고 지칭하고 있지만, 교가의 이름을 따로 붙인 예도 있었다. 중국 조선족학교의 경우 "배움의 요람" 등 배움터를 강조한 것이 특징이고, 일본 조선학교의 경우는 "배움터"나 "수령님"까지 가사 내용이 다양하게 나타났다. 결국 중국 조선족학교와 일본 조선학교 등 많은 학교에서는 사회적 배경과 정치적 상황에 따라 다양한 교가를 만들어 학생들에게 보급하여 부르게 한 것으로 나타났다.

제6장은 "일본 정부의 외국인 정책과 재일동포의 미래"라는 주제로 이 책의 결론 부분에 해당하는 내용이라 할 수 있다. 일본 거주 재

일동포의 정책에 대해 국적 박탈과 정주의 본격화라는 측면에서 크게 미군 점령기인 1952년까지 일본인 국적 시대, 1965년 이후 한국적 혹은 조선적의 재일동포 확립기, 1990년대 입국관리법 개정 이후 다문화 공생사회와 정주화 등 세 가지 측면에서 살펴보았다.

연구 결과를 살펴보면 다음과 같다.

첫째, 재일동포는 1952년 샌프란시스코강화조약으로 일본 국적이 박탈될 때까지 미군 점령군과 일본 정부에 의해 이념 대립에 휘말리게 되었고, 결국 일본 내 이념 대립의 여파가 국내 좌우 대립으로까지 영향을 미치는 결과를 초래했다. 이는 단순히 재일동포 문제가 일본 내 해방 민족만의 문제가 아니라 국제정세 속에서 고착되었다는 것을 방증하고 있는 것으로 생각된다.

둘째, 1965년 한일기본조약은 일본 거주 식민지 후손들을 한국적과 조선적으로 구분하여 체류 문제와 25년 후 재일동포 3세의 영주권 문제로서 '1991년 문제'를 촉발했다. 이는 이후 일본 사회의 출입국관리법 개정을 촉진하여 일본 다문화사회 이행 과정에서 출입국 법률 개정에 크게 이바지했다. 이는 재일동포 사회에서 사상적 이분 통치가 약화되었지만, 국적차별에 따른 일본 정부를 향한 재일동포의 민족차별 투쟁이 본격화되는 계기를 마련했다. 그러나 재일동포 사회 내 사상적 대립은 잠재된 상태로 여전히 계속되고 있는 것으로 나타났다.

셋째, 1991년 일본 정부의 출입국관리에 관한 특례법 제정은 재일동포 외에도 일계인 및 기타 외국인노동자의 수용을 촉진했으며 일본이 다문화사회로 진입하는 계기를 촉발했다. 이는 일본 사회에서 재일동포가 외국인이라는 인식을 약화하기도 했지만, 반면 외국인 배제가 재일동포 배제라는 문제를 발생시켰다는 점에서 주목할 필요가 있다. 이는 현재 일본 내 외국인 혐오가 배외주의 형태로 표출되고 있는 근본적인 문제를 초래하기도 했다.

넷째, 일본 정부의 소수민족 정책에 의한 재일동포의 국적 구분은 직업 선택이나 취업 문제 등 민족차별 운동을 촉발했고 1970년대 이후 대대적인 시민운동으로 확대되었다.

결론적으로 지금까지 이어져오고 있는 재일동포 문제의 발생 요인은 광의적인 측면에서 1952년 미군 점령군의 동아시아전략과 일본 정부의 외국인등록법에 따른 국적 박탈에서 비롯된 것으로 볼 수 있다. 이는 좀 더 넓은 의미에서 당시 국제사회 정세와 일본 사회 내 이념 대립의 측면에서 재일동포 문제의 발단을 모색할 수 있을 것이다. 이러한 상황에서 일본 정부의 재일동포를 대상으로 한 국적 박탈은 근본적으로는 불안한 체류 보장과 취업 차별을 초래했고 외국인의 지위로서 재일동포의 민족차별 투쟁을 촉발했다.

이러한 일본 정부의 재일동포 정책에 대한 국적 박탈은 창업으로 발현되었고, 일본 각지에 민족학교를 설립하는 계기가 되었으며, 이는 재일동포 사회를 유지하는 근간이 되었다. 하지만 재일동포 사회는 해방 이후 70년이 지나면서 저출산·고령화로 인한 인구감소, 국제결혼 증가와 귀화자 증가, 민족정체성 약화, 재일동포 사회 내부의 갈등, 일본 정부와의 갈등 등 해결해야 할 다양한 과제가 산재해 있다. 지금 재일동포 사회는 정체성의 약화나 동포사회의 소멸 위기보다 전 세계적으로 글로벌 사회가 직면하고 있는 근본적인 사회적 정체의 한가운데서 변화의 정점에 놓여 있는 것으로 보인다.

해방 전후 민족학교의 성장 과정은 해방 전 일제강점기 일본 동화교육에 대한 반발에 따라 이루어졌다. 해방과 더불어 재일동포 사회는 민족학교 설립, 1948년 일본 정부와 GHQ(미군정)에 의한 민족교육의 탄압과 교육제도의 분산화, 조국 분단과 동포사회 분열, 민족학교의 절대부족, 일본 공립학교 대량입학 촉진, 동화교육과 민족차별 교육, 일본 사회의 정착화 등이 1970년대 이후 민족학교의 존재 형태에 많은 영향을 미쳤다.

이러한 시기에 조선학교에서 교가의 등장은 1980년대를 기준으로 대전환을 맞이했다. 1980년대 이전에는 조선학교의 목적과 필요성에 따라 1948년 한신교육투쟁의 탄압에 대한 투쟁 정신 고취, 그리고 김일성 주체사상의 고취가 주된 내용이었다. 그러나 1980년대 이후 글로벌 시대에는 일본 정주화의 경향이 뚜렷해지면서 학생 수 감소, 민족정체성의 위기에 따른 조선학교 졸업생과 재학생, 학부모의 일체감과 민족의식 고취의 필요성에 의해 창작되었다. 일본 사회가 글로벌 시대로 전환되는 시기와 맞물려 조선학교에서 개최되었던 각종 학교 행사에 일본 지역사회와 동포사회에서 관심을 가지기 시작했다. 조선학교가 재일동포 공동체의 중심적인 역할을 하던 시기에 교사와 학생들의 요청에 따라 전국적으로 학교 교가가 만들어진 계기가 되었다. 이러한 시대적 상황에 따라 한때 대대적으로 조선학교 교가의 창작이 이루어졌다.

이와 같이 일본의 민족학교는 해방 전후 일본에서 아이들에게 조선어를 가르치기 위해 일본 각지에 설립된 '국어강습소'에서 유래하여 나중에 각종학교와 일조교(一條校)로 전환되었다. 해방 이후 이들 민족학교에서 불리던 교가는 시대적 상황에 따라 새로운 버전으로 출현하기 시작했고, 한때는 차별과 배제의 버팀목으로서 한민족의 중심적인 정체성 문화로 자리 잡고 있었다. 그러나 이제 민족학교도 민족의 고수와 글로벌화 변화의 수용이라는 새로운 갈림길에서 선택의 기로에 서 있다고 볼 수 있다.

부록

재일동포
민족학교의
교가와 노래

1. 조선학교

여기에서는 재일동포 조선학교 교가를 조사하여 제시했다. 대상학교는 소학교, 초급학교, 초·중급학교, 중·고급학교, 초·중·고급학교, 고급학교, 대학교 등으로 유형화되었다. 다음은 조사된 27개교이다.

〈표 20〉 조선학교 교가 디렉토리

유형			대상 (학교)	학교 (수)
악보(樂譜)와 가사(노랫말)	악보· 가사		도쿄 조선 제2 초급학교, 도쿄 조선 제4 초·중급학교, 도쿄 조선 제9 초급학교, 도쿄 조선 중·고급학교, 가나가와 조선 중·고급학교, 이바라키 조선 초·중·고급학교, 도호쿠 초·중·고, 미나미오사카 조선 초급학교, 오사카 조선 제4 초급학교, 야마구치 조선 고급학교, 오사카 조선 고급학교, 오카야마현 구라시키 조선 초·중급학교, 나고야 조선 초급학교, 히로시마 조선 중·고급학교, 교토 조선 중·고급학교, 고베 조선 고급학교, 효고현 세이방 조선 초·중급학교, 아이치현 가스가이시 도슌 조선 초급학교, 아이치 조선 중·고급학교, 홋카이도 조선 초·중급학교, 홋카이도 초·중·고, 도쿄 조선대학	22
	가사	있음	도쿄 조선 제1 초·중급학교, 사이타마 조선 초·중급학교, 가와사키 사쿠라모토소학교, 규슈 조선 고급학교, 홋카이도 삿포로	5
		1(절)	가와사키 사쿠라모토소학교, 이바라키 조선 초·중·고급학교, 도호쿠 초·중·고, 효고현 세이방 조선 초·중급학교, 규슈 조선 고급학교	5

유형			대상 (학교)	학교 (수)
악보(樂譜)와 가사(노랫말)	가사	1~2	도쿄 조선 제1 초·중급학교, 도쿄 조선 제2 초급학교, 사이타마 조선 초·중급학교, 오카야마현 구라시키 조선 초·중급학교, 나고야 조선 초급학교, 아이치 조선 중·고급학교, 홋카이도 조선 초·중급학교, 홋카이도 초·중·고	8
		1~3	도쿄 조선 제4 초·중급학교, 도쿄 조선 제9 초급학교, 도쿄 조선 중·고급학교, 가나가와 조선 중·고급학교, 가나가와 조선 중·고급학교, 미나미오사카 조선 초급학교, 오사카 조선 제4 초급학교, 야마구치 조선 고급학교, 오사카 조선 고급학교, 히로시마 조선 중·고급학교, 교토 조선 중·고급학교, 고베 조선 고급학교, 홋카이도 삿포로, 도쿄 조선대학	14
		1~4	아이치현 가스가이시 도슌 조선 초급학교	1
		후렴	도쿄 조선 제1 초·중급학교, 도쿄 조선 제2 초급학교, 도쿄 조선 중·고급학교, 사이타마 조선 초·중급학교, 미나미오사카 조선 초급학교, 오사카 조선 제4 초급학교, 오사카 조선 고급학교, 오카야마현 구라시키 조선 초·중급학교, 나고야 조선 초급학교, 히로시마 조선 중·고급학교, 교토 조선 중·고급학교, 고베 조선 고급학교, 아이치현 가스가이시 도슌 조선 초급학교, 아이치 조선 중·고급학교, 홋카이도 조선 초·중급학교, 홋카이도 삿포로, 홋카이도 초·중·고, 도쿄 조선대학	18
작사가· 작곡(가)	있음		도쿄 조선 제1 초·중급학교, 도쿄 조선 제9 초급학교, 도쿄 조선 중·고급학교, 가나가와 조선 중·고급학교, 이바라키 조선 초·중·고급학교, 도호쿠 초·중·고, 미나미오사카 조선 초급학교, 야마구치 조선 고급학교, 오사카 조선 고급학교, 오카야마현 구라시키 조선 초·중급학교, 나고야 조선 초급학교, 히로시마 조선 중·고급학교, 교토 조선 중·고급학교, 고베 조선 고급학교, 효고현 세이방 조선 초·중급학교, 아이치현 가스가이시 도슌 조선 초급학교, 아이치 조선 중·고급학교, 규슈 조선 고급학교, 홋카이도 삿포로, 도쿄 조선대학	21
	없음		도쿄 조선 제2 초급학교, 도쿄 조선 제4 초·중급학교, 가와사키 사쿠라모토소학교, 오사카 조선 제4 초급학교, 홋카이도 조선 초·중급학교, 홋카이도 초·중·고	6

도쿄 조선 제1 초·중급학교, 도쿄 조선 제2 초급학교, 도쿄 조선 제4 초·중급학교, 도쿄 조선 제9 초급학교, 도쿄 조선 중·고급학교,

사이타마 조선 초·중급학교, 가와사키 사쿠라모토소학교, 가나가와 조선 중·고급학교, 이바라키 조선 초·중·고급학교, 도호쿠 초·중·고, 미나미오사카 조선 초급학교, 오사카 조선 제4 초급학교, 야마구치 조선 고급학교, 오사카 조선 고급학교, 오카야마현 구라시키 조선 초·중급학교, 나고야 조선 초급학교, 히로시마 조선 중·고급학교, 교토 조선 중·고급학교, 고베 조선 고급학교, 효고현 세이방 조선 초·중급학교, 아이치현 가스가이시 도슌 조선 초급학교, 아이치 조선 중·고급학교, 규슈 조선 고급학교, 홋카이도 조선 초·중급학교, 홋카이도 삿포로, 홋카이도 초·중·고, 도쿄 조선대학 등이다.

소개된 학교의 교가는 각각 1절만(5개교), 1절과 2절(8개교), 1~3절(14개교), 1~4절(1개교), 후렴(18개교) 등이 있는 학교로 나타났다. 또한 악보와 함께 가사가 있는 경우(22개교), 가사만 있는 경우(5개교), 작사자와 작곡자가 나타난 경우(22개 학교), 작사자와 작곡자가 나타나지 않는 경우(6개교) 등으로 조사되었다.

도쿄 조선 제1 초·중급학교 교가

씩씩하게

작사 허남기 작곡 최동옥

자료: https://www.youtube.com/watch?v=vuSeP_vtdeg

도쿄 조선 제2 초급학교 교가

작사·작곡 미상

백 두의 슬기-로운 정기를이-어
대대손손 동포-들의 높은뜻이-여

찬 란한 민족 문화 기상-을 담 아
아 버지 어머 니의 정성-을 모 아

에 다가와에 우뚝섰-네 배움의 전 - 당
아 담하게 꾸-려-진 우 리의 배움터

그 이름 도꾜 조선 제2 초급학- 교

애족애국학교자랑 가 득지니고 지 덕체 닦고닦아 기둥이 되자 부

강 한 통 일 조선 주 인 이 되 자

자료: https://www.youtube.com/watch?v=8xEp_LSETvs

도쿄 조선 제4 초·중급학교의 노래

작사·작곡 미상

조 국 의 해빛아래 찬 란 히 솟 아 ─
아 다 찌 동 포 들 의 애 국 지 성 이 ─
은 혜 로 운 해빛아래 우 리 배 우 고

오 랜 력 사 빛 내 여 온 우 리 의 학 ─ 교
행 ─ 복 의 노 래 되 어 울 려 퍼 지 ─ 네
향 ─ 도 의 빛 발 따 라 우 리 자 라 ─ 네

우 리 말 배 ─ 우 고 민 족 의 넋 ─ 키 ─ 워
동 포 들 의 피 땀 서 린 아 리 까 와 ─ 강 반 에
지 덕 체 의 날 ─ 개 를 활 ─ 짝 펼 ─ 치 ─ 고

대 를 이 어 애 국 사 업 꽃 피 워 왔 ─ 네 아 ─
조 선 ─ 의 꽃 ─ 들 이 피 여 간 다 ─ 네 아 ─
주 체 ─ 의 새 세 대 로 자 라 가 리 ─ 라 아 ─

아 ─ 위 대 한 태 ─ 양 과 향 도 성 따 라 도 꾜
아 ─ 위 대 한 태 ─ 양 과 향 도 성 따 라 도 꾜
아 ─ 위 대 한 태 ─ 양 과 향 도 성 따 라 도 꾜

조 선 제 4 초 중 급 학 교 자 랑 도 많 아 라
조 선 제 4 초 중 급 학 교 지 켜 가 리 ─ 라
조 선 제 4 초 중 급 학 교 길 이 빛 내 ─ 리

자료: https://www.youtube.com/watch?v=j1cdATZsjFs

도쿄 조선 제9 초급학교 교가

작사 · 작곡 조흥천

아 사가야 한 복판에 우 뚝솟은 우리학 교
해 와 별 높 이모신 긍 지높은 우리학 교
향 도 성 따르 는 희 망넘친 우리학 교

조 국사 랑 가 득받은 자 랑많은우 리학 - 교 아 -
동 포들 의 사 랑속에 찬 란한우 리학 - 교 아 -
조 선 의 아 들딸로 지 덕체 갖추 - 리 아 -

아 - 우 리 - 의 배 - 움 의 요 - 람 도 꾜
아 - 우 리 - 의 배 - 움 의 화 - 원 도 꾜
아 - 우 리 - 의 배 - 움 의 자 - 랑 도 꾜

조 선제9초 급 학 교 영 원 히빛 나 라
조 선제9초 급 학 교 영 원 히펼 치 리
조 선제9초 급 학 교 영 원 히빛 내 리

도쿄 조선 중·고급학교의 노래

행진조로 힘차게

작사 집체 작곡 최동옥

백 두산 줄기찬 힘 제 주도남-쪽까 지 오
위 대한 공화국 의 새 력사우-렁차 다 세

천 만하 나되 여 새 기발을들-었-다 조
계 의평 화진 지 붉 은피로지-키-려 조

선 의아-들-딸이 그 별빛지-니-고서 배
선 의아-들-딸이 그 기발받-들-고서 배

움 길에-싸-우는 칠십 만 의민-주성 세 빛
움 길에-나-가는 인민 들 의선-봉대 결

나 는그이 름 도꾜조 선중학 교 그이

름 도찬란-한 우리의고급학 교

자료: https://www.youtube.com/watch?v=rm5dUwcq9W4

사이타마 조선 초·중급학교 교가

작사·작곡 미상

이 국산 천 오 오 미 야 에
동 포들의 애 국 지 성 에

붉 – 게 핀 진 달 – 래　교 문 안 에 들 어
꽃 – 피 는 배 움 – 터　희 망 의 꽃 피 워

서 – 니　애 국 향 기 풍 겨　주 네　아 –
주 – 는　종 소 리 도 드 높　아 라　아 –
(마감) 아 –

–　그 향 기 를　이 가 슴 에　받 아 안 –
–　찬 란 – 한　해 와 별 빛　비 쳐 주 는
–　사 이 다 마　우 리 조 선　초 중 급 학

고　내 나 라　– 말 과 글 을　여 –
곳　앞 날 의　– 주 인 으 로　몸 과
교　펼 치 자　– 민 족 의 넋　지 켜

기　서 배 워 가 네
마 가 음 자 다 우 겨 리 가 학 네 교

가와사키 사쿠라모토소학교 교가

작사 · 작곡 미상

빛나는 우리 말과 우리 글 배우는
가와사끼 우리 학교 조선의 학교
모두 다 옳바른 소년이 되는
선생님 부르시는 학교로 가자
배우자 진리를 지키자 규률을
단련된 몸으로 조국에 바치자

가나가와 조선 중·고급학교 교가

- 한없이 부럽다고 모두 다 말합니다 -

자랑차게

작사 한덕수 작곡 최동옥

가 나-가-와 요 꼬하-마   양지바 른사 와다리   에
태 평-양-의 푸 른물-결   한-품 에안겨오-   는
김 일-성-   원 수님-의   교 육사 상받들고-   서

초 중-고-의 셋-학-교를   웅장하 게세 위놓으   니
높 은-터-의 5-층-이라   조국산 천바 라뵐-   듯
자 녀-들-의 교-육-위해   모두 다힘 올합-   쳐

세-상사-람-깜 짝놀-라   우-리학-교-바 라보-고
교-육-의-나 라라-고   온-세계-에-자 랑하-는
남-녀로-서-가 리잖-고   정-성다-해-지 은학-교

조-선사-람   그-기 세가   굉장하 다탄복-하   며
공-화국-의   참-된 모습   온세계 에이름-떨   친
그-자랑-이   창-문 마다   노을되 여붉게-타   니

위-대하-신   수 령님-을   모-시 고사는이-   들
사-회주-의   공 업국-을   조국으 로지닌사-   람
해-외공-민   력 사에-서   류-례 를볼수없-   다

한-없-이부럽다-고   모-두다말-합니   다
한-없-이부럽다-고   모-두다말-합니   다
수 령님-의 높은치-하   한-없 이기-쁩니   다

자료: https://www.facebook.com/100057267978053/videos/가나가와조선중·고급학교-교
가-한없이-부럽다고-모두다-말합니다/464064901315470/

이바라키 조선 초·중·고급학교의 노래

씩씩하게

작사 박청순 작곡 로광용

간 또 평 야 한 일각 에   거 연 히 솟 은

동 포 들 의 지 성으 로   세 워 진 학 – 교

태 평 양 의 거 센물 결   눈 아 래 보 며

조 선 의 아 들딸 로   배 워 간 다 네   아 –

– 아 – 빛내 이 자   우 – 리 의 학 – 교   이

바 라 기 조 선   초중 고 급 학   교

도호쿠 초·중·고 교가
– 사랑하는 우리 모교 도호꾸초중고 –

작사 · 작곡 집체

은 혜 로 운 내 조 - 국   사 - 랑 에 받 들 리 여

야 기 야 마 산 언 덕 에   높 이 솟 은 우 리 학 교

조 선 동 - 포   자 녀 - 들   다 - 같 이 불 러 주 는

참 좋 은 우 리 모 교 사 랑 하 는 도 호   꾸 초 중   고

미나미오사카 조선 초급학교 교가
- 하나되여 지켜가리 -

긍지와 자랑안고 당당히

작사 김철 작곡 조방우

오 사 까만 - 마주보 - 며   보 - 란 - 듯
거 치 - 른 - 이역에 - 서   나 서 자 라 도
앞 날 - 의 - 푸른희 - 망   가 슴 에 그 려

람 홍 색기 발 휘 날 리는   정 든 우 - 리학 교
민 족 의넋 을 키 워 - 갈   요 람 속 - 에 - 서
과 학 - 기 술 배 워 - 갈   긍 지 와 - 보 - 람

애 국 렬 사뜻 을이어 대 - 대 - 로   민족교육명 - 맥을 지 켜 온 투
교 - 정 의포도열매 무르익 - 듯   동포사회꿋 - 꿋이 이 어 갈 민
미나미오사까동 포들의 보 금자 리로   대를이어지켜갈맘 굳건히 기

쟁 희 생 력 사 전 통   이 어 받 - 은   아 -
족 인 재 애 국 인재로   이 어 해 - 갈
운 차 게 나 아 가 리   하 나 로 뭉 쳐

아 - 함 - 께 지 키 자   우 리 의 학 교   아

아 - 영 원 히 빛 내 리 미 나 미   오 사 까 조 선 초 급 학 교

오사카 조선 제4 초급학교 교가
- 그 이름 자랑하네 오사까조선제4초급학교 -

학교창립50돐에 즈음하여 　　　　　　　　　　　　　　　　　작사·작곡 미상

이 까 이 노 한 복판-에 우 뚝 솟은 우 리학-교
이 꾸 노 의 하 늘가-에 공 화 국기 펄 럭이-니
이 역 땅 에 울 려가-라 우 리 노래 우 리자-랑

자 랑 많은 배-움-터 웃 음꽃도만 발 하 네 제 나
찬 바 람 이 겨 가 며 걸 어온길돌 아 보 며 너 도
찬 란 한 반 세 기 를 래 일에로이 어 가 리 조 국

라 의 말과 글 배-우 고또 배 워 서 민 족
나 도 함께배운 정 든 모 교지 켜 온 날 동 포
사 랑 담뿍안아 이 곳 에 서자 란 우 리 약 속

의 대 이 어나-갈 꽃 봉오리자 라 나 네 (후렴)아
들 의 애 국의-맘 가 슴가득 넘 처 나 네
하 자 앞 날위-해 미 래의꿈 키 워 가 리

아 - 영 원 히 빛 나 라 우 - 리 의모 교 - 여 그 이

름 - 자 랑 하 네 오 사 까 제 4 초 급 학 교

야마구치 조선 고급학교 교가
– 위대한 수령님의 사랑을 영원히 전하리라 –

작사 강상근 작곡 김창수

자료: 山口朝鮮高級学校記念写真(1972~2004, 記念誌). 교가 원제목: 위대한 수령님의 사랑을 영
원히 전하리라

오사카 조선 고급학교 교가

- 수령님께 충직한 아들딸이 되렵니다 -

감격적으로   작사 한덕수 작곡 조길석

자료: 大阪朝鮮高級学校創立50周年記念誌, p. 50. 교가 원제목: 수령님께 충직한 아들딸이 되렵
니다

오카야마현 구라시키 조선 초·중급학교 교가

- 곱게 피리라 -

빠르지 않게 서정을 담아

작사·작곡 허감숙

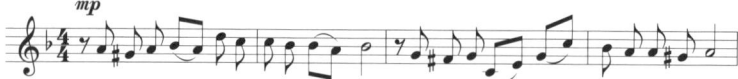

1. 남 몰래 홀 – 로핀 한송이 – 꽃   수 령님향 – 해 – 활짝피리라
2. 찬 바람 눈속에서 피는꽃송 이   따 뜻한품 에 안겨 피어난 다네

그 이가 뿌려 주신 사 랑의씨 앗   중성 의마 음담아 곱게피리 라 아 –
거 치른 들가 에도 산골속에 도   그 – 이의 해빛은 고루비 치 네 아 –

– 아 –   – 이 – 마 음불 타 는마   음
– 아 –   – 그 – 누 구도 모 르는   한

남 몰래붉 게붉게 곱 게피리 라   비 처주시 네아 – –
꽃송 이에 도따뜻 한 사 랑의 빛

아 – 천 리   라 도만 리 – 라 –   도   영생 의한길 에

곱 게피리 라

자료: 倉敷朝鮮初中級学校記念誌, p. 58.

나고야 조선 초급학교 교가

따뜻하게   작사 집체작 작곡 김정숙

1. 일 본땅 의 한 복판에   보란듯이자 리잡 은
2. 하 늘넘 어 바 라보는   통 - 일된조 국 강 산

민 족교 육 보금자 - 리   우 - 리의자 랑이 네
휘 - 황한 미 - 래 - 를   우 - 리는앞 당기 네

우 - 리 말 우 - 리 글   배 우는우리학 - 교
민 족 문 화 넓은지 식   배 우는우리학 - 교

슬 기 로 운 애국애 - 족   높 - 은뜻키 운다 네
한 - 없 는 활동무 - 대   우 - 리를부 른다 네

우 리 모 두 화 목하 게   부 럼없이배 우 - 는
우 리 모 두 친 형제 들   어 깨 겪고 나아가 - 는

(후렴)
아 - 나 - 고 - 야   조 선 초 - 급 학 교

히로시마 조선 중·고급학교의 노래

행진조로   작사 한덕수 작곡 최동옥

우리-들이 사는 곳은 조 국땅이아 니 지 만 조국
원 폭-으로 많은 동포 희 -생된원 한 의 땅 남조
사 회-주의 우리 조 국 주 -체의나 라 라 고 금수

가 - 슴에 끓는 피는 민 족의붉은 피 다
민 - 족에 원쑤 들을 우리어찌잇을 소 냐
전 - 세 계 인 민 들이 한결같이찬 양 한 다

의 - 앞 날의 - 주 인이 될 긍 지안고 - 힘차-
선 을 강점한 - 침 략 자를 몰 아내고 - 조국-
강 산 삼 천 리 의 온겨레가 단 합하여 - 살아갈

게 나 아 가 자 히 로시-마 조 선 초 중 고 급학 교   회
을 통 일 하 자
길 앞 당 기 자

망 찬 - 미-래-가 우 리 들 을 부른-다

수 령 님-의 아들딸-로 자 랑 차 게 배 워 가 자

228

교토 조선 중·고급학교의 노래

씩씩하게

작사 한덕수 작곡 김철

동 녘하늘 붉은해-가 휘황하게떠오르 - 며
교 육문화 도 시라-는 교 또에도풍치지 - 구
량 -단된 조 국땅-이 우 리들을부른다 - 네

우 리들이 가 는길-을 밝 게밝게비쳐주 - 네
은 각사를 내 려보-는 우 리학교자랑높 - 네
찢 -어진 민 족혈-맥 우 리들을부른다 - 네

사 회주의 조 국건-설슬기로 운일군되 - 라 불보
주 체협의 학 생이-라세상사 람부뤄하 - 는 민-
주 권국가 주 인이-된젊은세 대우리들 - 은 백절

다 도 - 더뜨거운 굳 은의지안겨주 - 네 배우
족 의 - 자존심과 긍 지감이타오르 - 네
불 굴 - 강한의지 간 직하고나아가 - 리

고 - 또배워서 지 덕체를다갖추 운 수령

님 께충직-한 나 - 라 의기둥되 - 자

고베 조선 고급학교의 노래

- 좋고 좋네 우리 학교 -

자랑차게   작사 한덕수 작곡 최동옥

맑고푸른 스마바다 한눈으로내려보는
부모들이 이국땅에 살아간다하여도
아침해빛 따사로이 비쳐오는오르막길

다루미-의 산마루에 우리학교높이섰네
우리들-을 위하여서 아낄것이있을소냐
앞서거-니 뒤서거니 씩씩하다우리동무

원쑤들과 싸워이긴 민-족기개 떨치는-듯
조국사랑 아로새겨 민-족자랑 수를놓-아
조국앞날 지고나갈 굳-은마음 다짐하-니

하늘높이 솟아있네 자랑차게솟아있네
층층으로 세웠다네 높이높이지었다네
공화국기 너울너울 하늘우에춤을추네

수령님의 아들딸된 그자랑을품에안고

지덕체를 모두갖-춘 일군으로자라나네

자료: 재일본조선청년동맹중앙본부(2001). 『우리는 언제나』. 조선청년사, p. 63.

효고현 세이방 조선 초·중급학교 교가

작사 윤효진 작곡 미상

파 주들   대지 우에   우 뚝솟 아   난
자 유의   전 당은   우 리들 모 - 교
민 족의 자 랑일세 력 사   빛 나게
그 이름도   높 - 도 다   영 광도깊 은
세 이방   조 - 선   초 중 급 학   교
세 이 방   조 선   초 중 급 학   교

자료: https://www.youtube.com/watch?v=8kF0My7ehbs

아이치현 가스가이시 도슌 조선 초급학교 교가

- 빛나라 우리의 배움터 -

자랑차게　　　　　작사 박복의　작곡 리문량　70돌기념가사 작사 리철수　편곡 최귀지

이 - 역의 푸른하늘 가 스 가 이 에
나 - 라의 일꾼되라 세 위 진 교 사
창 - 공에 휘 날리는 공 화 국 기 발

자 - 랑찬 우리화 - 원 높 - 이 - 솟 았 네
걸 - 어온 자욱마 - 다 자 - 랑 도 많 아 라
우 - 리의 억센마 - 음 천 - 하 에떨 치 네

모 여라 조선 의 꽃 봉오 - 리 민 족의얼 을지켜 배 워 나가자 아 -
모 여라 조선 의 꽃 봉오 - 리 애 국의후 비대로 준 비 해가자 아 -
모 여라 조선 의 꽃 봉오 - 리 주 체의높 은리상 꽃 피 워가자 아 -

- 빛 나 라 우 리 의배 움 - 터

도 - 슌 조 - 선 초 - 급학교 번 - 영 - 하 여 - 라

아이치 조선 중·고급학교의 노래

작사 김태경 작곡 김황영

영 - 광 - 찬 - 조 - 국땅에 평화 소 리드높 아   찬 -
억 - 압 과 - 고 - 난속에 싸워 지 킨내교 정   영 -

란 한미 - 래 는   우리 앞 에열 - 렸 - 다   자유
원 히빛 - 내 자   중부 일 대곡 - 곡 - 에   끓 -

로 - 운세 - 대 - 에 활개 쳐 갈우 - 리 - 들   배 -
으 - 는정 - 열 - 로 앞서 나 갈우 - 리 - 들   배 -

움 - 의 길 - 에 - 서 수령 앞 에다 - 지 - 자   빛 -
움 - 의 길 - 에 - 서 조국 앞 에다 - 지 - 자

나 는그 이 름   아이찌 조 선중급학 교   자 -

랑 찬그 이 름   아이찌 조 선고급학 교

규슈 조선 고급학교의 노래

작사 허남기 작곡 최동옥

삼 천 리 금수강 산 영 용 한 정
기 쁜 어 서 이 곳 일본 규 슈 일 각
에 그이 름 도 자 - 랑 찬 규 슈 조 고
교 머리 우 에 오각 별 기 펄 럭 - 이 누
나   우 리는해 의나라 해 바라 기 들   조 국의 앞 날등져
나 갈 - 일군들 배 움 의   아 침저 녁   보 람 찬 나 -
날 회 - 망 의무지개 가 높 이 - 걸렸 네

자료: 재일본조선청년동맹중앙본부(2001). 『우리는 언제나』. 조선청년사, p. 66.

홋카이도 조선 초·중급학교 교가

- 언제나 우리 함께 -

작사 김묘향 작곡 정윤아

애국의 대를 이 어   뜨겁게 우리 함 께
세 기 와 세 대 이 어   억 세 게 우 리 함 께

민 족 의 대 - 를 이 어   꿋 꿋 이 우 리 함 께
통 일 의 그 - 날 위 해   떳 떳 이 우 리 함 께

동 포 들 의   애 국 지 성   깃 - 든 우 리 학 교
대 - 지 의   하 얀 눈 을   녹 여 낼 크 나 큰 힘

조 국 사 랑   이 역 방 에   넘 - 쳐 난 - 다 네
우 리 에 게   있 - 다 네   손 - 잡 고 나 아 가

자   밝 고 밝 은   우 - 리 의   찬 - 란 한 - 래 일
자

영 - 원 히   빛 - 나 라   혹 가 이 도 초 중 고

자료: https://www.youtube.com/watch?v=UwVMunOHDnM

홋카이도 삿포로의 노래
– 우리 학교의 노래 –

작사·작곡 한덕수

혹가이도 삿뽀로에 풍치지구 히라오까
조선초중 우뚝솟아 바다넘어 저멀리
조국산천 안겨오듯 굉장하게 일떠섰네
좋고좋네 우리학교 좋고좋네

1971년 10월 25일
새 교사 준공모임에서

홋카이도 삿포로의 노래
- 우리보다 귀여운 꽃은 없어요 -

귀엽고 자랑차게   작사 한덕수 작곡 최동욱

1. 눈 - 바람 세 - 차게 불고 있는 이른봄 에
2. 진 흙 속에 묻혀 서도 곱게 곱게 피어나 는
3. 찬 - 서리 맞아 가며 늦가 을에 곱게피 는

곱게 피는 매 화꽃 을 사 람들은 좋 다지 만
향 기로운 련 꽃들 을 사 람들은 곱 다지 만
황 금 빛 갈 국 화꽃 을 사 람들은 좋 다지 만

거 칠은 - 이 역방 에 씩 씩 하게 자 라나 는
온 갖 박해 온 갖멸 시 용 감 하게 물 리치 고
민 족 분 렬끝 장내 고 조 국 통 일 앞 - 당 길

우 리 들은 매 화보 다 몇 곱 절 더 귀 엽 지 요
떳 떳 하 게 배 위가 는 우 리 들 이 귀 엽 지 요
우 리 들 이 그 꽃보 다 몇 백 배 나 귀 엽 지 요

(후렴) 아 - 세 상에 는 고 운 꽃 도 많 지 만

우 리 보 다 귀 - 엽 고 고 운 꽃 은 없 - 어 요

홋카이도 삿포로 초·중·고의 노래
- 50년의 자랑 -

작사·작곡 미상

도쿄 조선대학교의 노래

행진곡조로 　　　　　　　　　　　　　　　　작사 한덕수 작곡 김혁

금 수강 산 내 나-라 에 사 회주 의 꽃 이피-니
사 회주 의 내 나-라 에 자 랑높 은 민 족문-화
억 천만 년 오랜-나 날 허 공중 에 높 이떠-서

바 다너 머 이 땅우 에 우 리대 학 높 이셨-네
배 워가 는 우 리에 게 혁 명전 통 등 대로-다
온 천하 를 내 려보 는 해 야달 아 물 어보-자

백 두령 봉 기 상-인 양 무 사시 노 굽 어보-며
원 쑤이 제 몰 아-내 고 조 국통 일 이 룩하-여
넓 고넓 은 터 전-우 에 우 아하 게 집 을짓-고

조 국영 예 자 랑하 듯 그 이름 도 조 선대 - 학
지 상락 원 꾸 려나 갈 그 임무 도 크 고높-네
해 외자 녀 교 양주 는 이 런나 라 또 있느-냐

젊 은가 슴 희 망품고 교 정안 을들어서 니 　조 국사 랑 넘 쳐풍 겨

따 사로 이안아주 네 무 쇠팔 뚝 - 두 다 리 에

자료: https://www.youtube.com/watch?v=drw49EpzofQ

불　을뿜듯용기　솟 - 고　　우리심 장

붉　은심 장　　　불 덩이 로타 - 오르 네

2. 한국학교

   여기에서는 재일동포 한국학교 교가를 조사하여 제시했다. 대상학교는 한국학교, 인터내셔널 소·중·고등학교, 유·초·중·고등학교, 국제학원 등으로 유형화되었다. 다음은 조사된 5개교이다.

〈표 21〉 한국학교 교가 디렉토리

유형			대상(학교)	학교 (수)
악보와 가사 (노랫말)	악보· 가사		도쿄 한국학교, 오사카 금강 인터내셔널 초·중·고 등학교, 오사카 건국 유·초·중·고등학교, 교토 국 제학원	4
	가사	있음	나고야 한국학교	1
		1(절)	오사카 금강 인터내셔널 초·중·고등학교, 오사카 건 국 유·초·중·고등학교	2
		1~2	도쿄 한국학교, 나고야 한국학교	2
		1~4	교토 국제학원	1
		후렴	도쿄 한국학교	1
작사가· 작곡(가)	있음		도쿄 한국학교, 오사카 금강 인터내셔널 초·중·고등 학교, 오사카 건국 유·초·중·고등학교, 나고야 한국 학교, 교토 국제학원	5

   도쿄 한국학교, 오사카 금강 인터내셔널 초·중·고등학교, 오사카 건국 유·초·중·고등학교, 교토 국제학원 등이다. 소개된 학교의 교가는 각각 1절만(2개교), 1절과 2절(2개교), 1~4절(1개교), 후렴(1개교) 등이

있는 학교로 나타났다. 또한 악보와 함께 가사가 있는 경우(4개교), 가사
만 있는 경우(1개교), 작사자와 작곡자가 나타난 경우(5개교) 등으로 조사
되었다.

도쿄 한국학교 교가

Moderato

작사 김소운 작곡 우종갑

현 해탄 푸른물 결 건 너서   울 려온 다 희 - 망의 종 소리
찬 서리 매운바 람 이 겨서   싹 - 트 는 이른봄의 새 소리

무 궁화 아름다 - 운 강 산이   내 - 일 의   새일꾼을부른 다 (후렴) 배
씩 씩한 우리기 - 상 우 리뜻   갈 고닦 아   조 - 국에바치 리

우 자겨레의 역 사 누리에 빛 내자 그 - 문 화 한 국학

원 우리보금 자 리 손 마 주잡 고 나 가 자

자료: https://namu.wiki/w/도쿄한국학교

오사카 금강 인터내셔널 소학교 교가

작사 · 작곡 미상

조국의 오랜역사 빛나는전통 우리는 배달
겨레 슬기론 자 - 손 산 넘어
물을건너 이 역 - 땅에 서 큰 포부 가 슴
마 다 품 고자란 - 다 나 라의힘되자
한 국학 - 교 인류 의빛 되자 금 강학 - 원

오사카 금강 인터내셔널 중·고등학교 교가
- 나는 문제없어 -

작곡 김성호   작사·노래 황규영

이 세상 위엔 내가 있고
나를 사랑해 주는
금강 친구들과 나의 길을 가고 싶어

많이 힘들고 외로웠지
그건 연습일 뿐야
넘어지진 않을 거야 나는 문제없어

짧은 하루에 몇 번씩
같은 자리를 맴돌다
때론 어려운 시련에
나의 갈 곳을 잃어 가고

내가 꿈꾸던 사랑도
언제나 같은 자리야
시계 추처럼 흔들린
나의 어릴 적 소망들도

그렇게 돌아보지 마
여기서 끝낼 수는 없잖아
나에겐 가고 싶은 길이 있어

이 세상 위엔 내가 있고
나를 사랑해 주는
금강 친구들과 나의 길을 가고 싶어

너무 힘들고 외로워도
그건 연습일 뿐야
넘어지진 않을 거야 나는 문제없어
우린 OKIS 우린 OKIS

자료: https://www.kongogakuen.ed.jp/kr/about/emblem/; https://www.kongogakuen.ed.jp/
kr/2021-새로운-교표-교가가-완성되었습니다/

오사카 금강 인터내셔널 중·고등학교 교가
- 나는 더 강해질 거야 -

작곡·작사 조영수

맑은 날이 더 많겠지만
비 오는 날도 적진 않을 거야
우산이 없으면 어때
비바람보다 빨리 뛰어가면 돼

비바람은 곧 그칠 테니까
나는 곧 무지개를 만날 테니까

나는 희망을 믿어 나는 내일을 꿈꿔
비야 바람아
얼마든지 더 세게 덤벼봐

나는 피하지 않아 나는 약하지 않아
나는 더 강해질 거야

오늘 맞은 이 비가 나를
한 뼘 더 자라나게 해줄 테니까

나는 희망을 믿어 나는 내일을 꿈꿔
비야 바람아
얼마든지 더 세게 덤벼봐

나는 피하지 않아 나는 약하지 않아
나는 더 강해질 거야

우린 희망을 믿어 우린 내일을 꿈꿔
우린 서로가 다른 곳에 있겠지만

같은 해를 볼 거야 같은 길을 갈 거야
우린 하나가 될 거야
우린 더 강해질 거야

오사카 건국 유·초·중·고등학교 교가

작사 이경태 작곡 현청명

백 두금강영봉은 우리의 기상   압 록두만 흐름은 우 리의발전

금 수강 산 삼 천 리   무 궁 낙 원 에

문 화의 금 자 탑 을   굳 게세 우 세

건 국건국우리 학 원   건 국건국우리 학 원

길 래길래영원 토 록   빛 난영광가득 하 라

자료: https://keonguk.ac.jp/old/kr/global/g_policy.html

오사카 건국 유·초·중·고등학교 응원가

작사 이경태 작곡 김용대

장 하 도 다 무 쇠 팔뚝 우 리 동 무 들

정 정 하 고 당 당 하다 우 리 선 수 들

백 절 불 굴 나 아 감은 우 리 의 정 신

대 적 할자 그 누 구냐 나 와 싸 우 자

건 국 건 국 Don't you see. Don't you see. 건 국 건 국 Don't you see.

자료: https://keonguk.ac.jp/old/kr/global/g_policy.html

나고야 한국학교 교가

작사 박종화 작곡 김성태

1. 이곳은 어느 곳 세계는 하나
   나고야 한복판 한국의 배움집
   배우자 힘쓰자 끈기로 살자
   지식이 없으면 낙오자 된다

2. 저 멀리 현해탄 바라보면서
   조국을 생각해 공부를 하세
   하늘이 넓어도 고향은 한 곳
   맺어진 그 사람 참아 잊으리

교토 국제학원 교가

작사 변낙하 작곡 김경찬

동 해 바다 건 너 - 서 야 마 - 도 땅 - 은 거
서 - 해를 울리도 다 자 유 - 의 종 - 은 자
해 바 라기우 리 - 의 정 신 - 을 삼 - 고 문
힘 - 차게 일 어 나 라 대 한 - 의 자 - 손 새

룩 - 한 우 리 조 상 옛 적 - 꿈 자 리 아
주 - 의 정 신 으로 손 을 - 잡 고 서 자
명 - 계의 새 지 식 탐 구 - 하 면 서 쉬
로 - 운 회 망 길 을 나 아 - 갈 때 에 불

침 저녁 몸 과 - 덕 닦 는 - 우 리 - 의 정
치 의 깃 발 밑 - 에 모 인 - 우 리 - 들 씩
지 않고 험 한 - 길 가 시 - 밭 넘 - 어 오
꽃 같이 타 는 맘 이 국 - 땅 에 - 서 어

다 - 운 보 금 자 리 한 국 - 의 학 원
씩 하고 명 랑 하 다 우 리 - 의 학 원
는 - 날 마 련 하 다 쌓 은 - 이 금 당
두 - 움 을 밝 히 는 등 불 - 이 되 자

참고문헌

1. 한글 문헌

가나가와 조선 중 · 고등학교(1965). 『불꽃』. 6 · 25 기념문집 편집위원회.

김소연(2023). "조선학교 무상교육 차별말라" 일 정부에 500번째 외침-문부성 앞 10년 항의 '금요행동' 현장. 한겨레신문(2023.12.15). 출처: https://www.hani.co.kr/arti/international/japan/1120622.html

김영동(2025). "일본 정부는 조선학교 차별을 중단하라". 한겨레신문(2025.04.24). 출처: https://www.hani.co.kr/arti/area/yeongnam/1194090.html

김진우(2020). "얼마나 소리쳐야" … 조선학교 무상화 배제 항의 '금요행동' 200회째. 경향신문(2020.02.21). 출처: https://www.khan.co.kr/article/202002211752001

김태영 · 임영언(2018). 「재일조선학교에서 북송운동의 전파과정 고찰: '불꽃' 잡지의 내용을 중심으로」. 『국제문화연구』 11(1), pp. 1-24.

도쿄 연합뉴스. 2017년 12월 29일자 보도자료.

도쿄 한국학교 현황. 출처: http://www.tokos.ed.jp/icons/app/cms/?html=/home?html=/home/s1_3.html&shell=/index.shell:398(검색일: 2016.10.12)

박명훈(2017). '조선학교 무상교육' 거부한 일본 법원의 '후안무치': 일본 정부 "북한과 관계 의심" 주장에 힘 실어준 일본 법원. OhmyNews(2017.07.21). 출처: https://www.ohmynews.com/NWS_Web/View/at_pg.aspx?CNTN_CD=A0002344524

안병삼(2013). 「중국 요녕성 조선족학교 교가 연구」. 『한민족문화연구』 43, 한민족문화학회, pp. 71-108.

_____(2015). 『중국 길림성 조선족학교 교가와 그 연구』. 성남: 북코리아.

_____(2017). 「21세기 중국 조선족학교의 '學校文化' 연구」. 『다문화와 디아스포라 연구』

11, pp. 1–25.

안병삼 · 임영언(2018).「해외한민족학교의 교가 비교 연구: 중국조선족학교와 일본 조선학교를 중심으로」.『순천향 인문과학논총』 37, pp. 153–175.

양소전 · 차철구 · 김춘선 · 김철수 · 안화춘(2009).『중국조선족혁명투쟁사』. 김춘선 · 김철수 · 안화춘 역. 연길: 연변인민출판사.

오일환(2010).「재일조선인의 북송문제」.『일본 한인의 역사(하)』. 과천: 국사편찬위원회.

임영언(2009).「재일한인 기업가와 모국」.『일본 한인의 역사(상)』. 과천: 국사편찬위원회.

_____(2013).「디아스포라적 관점에서 본 북한–총련–일본 관계 연구」.『한국동북아논총』 18(1), pp. 297–304.

_____(2018).「재일코리안 조선학교 민족교육 운동과 고교무상화제도 고찰」.『로컬리티 인문학』 19, pp. 39–64.

임영언 · 최석신(2013).「재일코리안 금융업의 창업과 성장 과정에 관한 연구: 민단계와 총련계 기업의 비교를 중심으로」.『아태연구』 20(2), pp. 33–64.

재일본조선청년동맹중앙본부(2001).『우리는 언제나』. 조선청년사.

최범수 외 편(1993).『흑룡강성조선족교육사』. 연길: 동북조선민족교육출판사.

일본 조선학교 고교무상화 소송 다룬 영화,「차별」(2023.03.22) 출처: https://www.youtube.com/watch?v=n-1hIBAoas0

재일본조선인총련합회 중앙상임위원회(2005).『총련–재일본조선인총련합회』. 도쿄: 조선신보사.

재일조선인, 그리고 조선학교 / KBS뉴스(News). 출처: https://www.youtube.com/watch?v=AXkVVWRl4pE

‘조선학교 교육무상화’를 위한 눈물겨운 투쟁의 역사[다큐 인사이트–아이들의 학교] (2020.03.05) 출처: https://www.youtube.com/watch?v=B9pu9L9AzG0

조선학교와 함께하는 사람들 몽당연필. 조선학교와 재일동포: 고교무상화투쟁. 출처: http://www.mongdang.org/kr/bbs/content.php?co_id=fact03

조선학교. 출처: https://ja.wikipedia.org/wiki/(검색일: 2017.09.05)

한국이민사박물관. 상설전시: 제1전시실(미지의 세계로), 제2전시실(극복과 정착), 제3전시실(국경을 넘어 세계로), 제4전시실(세계 속의 대한인). 출처: https://www.incheon.go.kr/museum/MU040201

2. 교가

가나가와 조선 중 · 고급학교 교가. 출처: https://www.facebook.com/1000572679780 53/videos/가나가와조선중 · 고급학교-교가-한없이-부럽다고-모두다-말합니다/46 4064901315470/

교토 국제학원 교가. 출처: https://blog.naver.com/iha2006/223558079319; https:// www.youtube.com/watch?v=FU5P7cLZX88

도쿄 조선대학교의 노래. 출처: https://www.youtube.com/watch?v=drw49EpzofQ

도쿄 조선 제1 초 · 중급학교 교가. 출처: https://www.youtube.com/watch?v=vuSeP_ vtdeg

도쿄 조선 제2 초급학교 교가. 출처: https://www.youtube.com/watch?v=8xEp_LSETvs

도쿄 조선 제4 초 · 중급학교의 노래. 출처: https://www.youtube.com/watch?v=j1cdATZ sjFs

도쿄 조선 중 · 고급학교의 노래. 출처: https://www.youtube.com/watch?v=rm5dUwcq9 W4

도쿄 한국학교 교가. 출처: http://www.tokos.ed.jp/icons/app/cms/?html=/home/ s1_2. html&shel= /index.shell:399(검색일: 2016.10.12)

사이타마 조선 초 · 중급학교 교가. 출처: http://urihakkyo46.web.fc2.com/kouka.html(검 색일: 2016.10.12)

오사카 건국 유 · 초 · 중 · 고등학교 교가. 출처: https://keonguk.ac.jp/old/kr/global/g_ policy.html

오사카 금강 인터내셔널 소 · 중 · 고등학교 교가. 출처: https://www.kongogakuen.ed.jp/ kr/about/emblem/; https://www.kongogakuen.ed.jp/kr/2021-새로운-교표-교가 가-완성되었습니다/

홋카이도 조선 초 · 중급학교 교가. 출처: https://www.youtube.com/watch?v=UwVMun OHDnM

효고현 세이방 조선 초 · 중급학교 교가. 출처: https://www.youtube.com/watch?v=8kF0 My7ehbs

3. 일본 문헌과 중국 문헌

権寿根(2008). 『戦後在日朝鮮人の民族教育擁護闘争:「4・24阪神教育闘争」60周年を記念して』. 在日朝鮮人兵庫県民族教育対策委員会.

吉林省地方誌編纂委員會(1992). 『吉林省誌・教育誌(巻37)』. 吉林人民出版社.

金敬得(1987). 「91年問題と在日韓国人」, 『法的地位に関する論文集』. 在日本大韓民国居留民団, pp. 16-17.

金徳龍(2004). 『朝鮮学校の戦後史:1945~72(増補改訂版)』. 東京: 社会評論社.

金理花(2015). 「故郷としての朝鮮学校: 朝鮮学校の音楽教育に関する一考察」, 『在日朝鮮人史研究』45, 在日朝鮮人運動史研究会, pp. 137-156.

金英達(1989). 『GHQ文書研究ガイド: 在日朝鮮人教育問題』. 神戸: むくげの会(無窮花会).

金兌恩(2012). 『公教育における在日韓国・朝鮮人の民族教育と多文化共生教育の相互作用: 京都・大阪・川崎の事例から』. 京都大学文学研究課社会学博士論文.

羅正日(2006). 「关于黑龙江省朝鮮族教育情况的调查」, 『黑龙江民族丛刊』95(6), pp. 99-105.

大阪朝鮮高級学校創立50周年記念誌

藤島宇内・小沢有作(1966). 『民族教育: 日韓条約と在日朝鮮人の教育問題』. 東京: 青木新書.

藤井幸之助(1987). 「解放後, 日本における朝鮮人学校の国語教科書(一九四伍~一九伍〇)」, 『在日朝鮮人運動史研究』17, pp. 84-109.

朴三石(2011). 『教育を受ける権利と朝鮮学校』. 東京: 日本評論社.

_____(2011). 『教育を受ける権利と朝鮮学校 ― 高校無償化問題から見えてきたこと』. 東京: 日本評論社.

山口朝鮮高級学校記念写真集(1972~2004, 記念誌)

森田芳夫(1955). 『在日朝鮮人処遇の推移と現状』. 法務省法務研修所.

小沢有作(1973). 『在日朝鮮人教育論』. 東京: 亜紀書房.

_____(1988). 『在日朝鮮人教育論 ― 歴史編』. 東京: 亜紀書房.

宋基燦(2012). 『語られないもの』としての朝鮮学校: 在日民族教育とアイデンティティ・ポリティクス』. 東京: 岩波書店.

徐海錫(1987). 「在日同胞社会の現状と今後の展望: 1990年代を目前にして」, 『法的地位に関する論文集』. 在日本大韓民国居留民団, pp. 47-48.

辽宁省教育志編纂委員會 主編(1989).『辽宁省普通教育年鑑』. 沈阳: 辽宁大学出版社.

辽宁省地方志編纂委員會办公室 主編(2001).『辽宁省志・教育志』. 沈阳: 辽宁大学出版社.

外村大(2004).『在日朝鮮人社会の歴史学的考察 ── 形成・構造・変容』. 東京: 緑蔭書房,

月刊イオ編集部(2015).『高校無償化裁判: 249人の朝鮮高校生たたかいの記録』. 東京: 樹花舎.

李東準(1965).『日本にいる朝鮮のこども』. 東京: 春秋社.

李瑜煥(1960).『在日韓国人の伍〇年史: 発生因に於ける歴史的背景と解放後に於ける動向』. 東京: 新樹物産出版部.

李殷直(1977).『在日韓国・朝鮮人の民族教育の歴史と実態』. 連続セミナー第6回総括資料編.

李進熙(2010).「日本の外国人政策と在日コリアン」.『調布ムルレの会シリーズ』13, pp. 17-19.

田駿(1987).「在日韓国人のいまと第三代目以降の展望」.『法的地位に関する論文集』. 在日本大韓民国居留民団, pp. 3-6.

田中宏(2010).「日本の外国人政策と在日コリアン」.『調布ムルレの会シリーズ』13, pp. 59-87.

在日韓国青年同盟中央本部編(1970).『在日韓国人の歴史と現実』. 東京: 洋々社.

佐藤文明(2009).『在日「外国人」読本』. 東京: 縁風出版.

佐藤信行(2010).「日本の外国人政策と在日コリアン」.『調布ムルレの会シリーズ』13, pp. 1-13.

中島智子(2011).「朝鮮人学校保護者の学校選択理由:「安心できる場所」「当たり前」を求めて」.『プール学院大学研究紀要』51, pp. 189-202.

『朝鮮総連』95, 1960年2月8日.

倉敷朝鮮初中級学校記念誌

崔相錄 外(1995).『中國朝鮮族教育的現状與未来』. 延吉: 延邊大學出版社.

坂中英徳(2013).『日本型移民国家への道』. 東京: 東信堂.

洪正一(1987).「地方参政権を要求する」.『法的地位に関する論文集』. 在日本大韓民国居留民団, p. 31.